Menschenseele!

Goethes «Märchen» im Zusammenhang
mit der «Pforte der Einweihung»
und den «Worten der Grundsteinlegung»

Elsemarie ten Brink

Menschenseele!

Goethes «Märchen» im Zusammenhang mit der «Pforte der Einweihung» und den «Worten der Grundsteinlegung»

Elsemarie ten Brink

Verlag am Goetheanum

Die Zeichnungen auf den Seiten 70–75, 134–139 und 144–151 wurden von Jasminka Bogdanovic ausgeführt.

www.goetheanum-verlag.ch

Umschlaggestaltung: Wolfram Schildt, Berlin, unter Verwendung eines Bildes von Christiane Haid
Lektorat und Satz: Sven Baumann, Rheinfelden
Druck: Majuskel Medienproduktion GmbH, Wetzlar
ISBN 978-3-7235-1672-0

Inhaltsverzeichnis

Geleitwort

Wenn Schönheit die Vergegenwärtigung von Zusammenhängen wäre, ist dieses Buch sehr schön.

Denn es geht um ganz konkrete Zusammenhänge, die für Leben und Verstehen der Anthroposophie von Bedeutung sind. Also für ihre Wirksamkeit. Allerdings sind die «Gegenstände», die diese Zusammenhänge bilden, groß und sensibel. Sie gehören wohl zu den profunden Motiven, die Menschen dazu bewegen, sich für Anthroposophie zu interessieren, sich mit ihr zu verbinden. Sie lassen sich nur sehr behutsam bewusst erfassen, und wo es allzu rasch geschieht, kommen statt Einsicht in Zusammenhänge eher Zerrbilder zustande.

Um welche «Gegenstände» geht es? Schon nur ihre Aufzählung erzeugt eine gewisse Scheu. Es geht um Einweihung und ihre Individualisierung, um den Doppelstrom der Zeit, um das Michael-Mysterium in seiner Spannung zwischen Wesen und Werk; um die Mysteriendramen, die Weihnachtstagung zur Begründung der Anthroposophischen Gesellschaft und ihre Grundsteinmeditation; es geht um Schillers «Briefe über die ästhetische Erziehung des Menschen», Goethes «Märchen von der grünen Schlange und der schönen Lilie» und «Die Pforte der Einweihung»; es geht um Kunst, Ästhetik und Eurythmie, und vor allem und immer wieder um Verwandlung, Entwicklung und Metamorphose als die eigentlichen Lebensweisen der Anthroposophie.

Es geht um ihr Herz.

Angesichts der Welten, die sich bei einem jeden dieser Begriffe auftun, den Versuch dennoch zu wagen, etwas von ihrem Zusammenhang zu beschreiben, setzt nicht nur bei der Autorin viel voraus. Auch bei den Lesenden sind Vorkenntnisse nötig, Geduld und vor allem die Selbständigkeit und Hingabe einer forschenden Gesinnung, ohne die wohl kaum je die Vergegenwärtigung einer Polyphonie möglich wird.

«Aber dann gibt vielleicht ein einzelnes Ding etwas zu verstehen und setzt so den ‹Geist des Anfangs›; und es kann ernst werden mit dem Studieren, das doch bei aller sonstigen Beschäftigung eine Sehnsucht geblieben war.» (Handke, Lehre der Sainte Victoire)

Noch in einer anderen Hinsicht ist dieses Buch schön.

Das Schöne sei ein Sinnlich-Wirkliches, das so erscheint, als wäre es Idee – zu diesem Ergebnis kommt eine spirituell-realistische Befragung des Zusammenspiels von Idee und Wirklichkeit als zwei maßgeblichen Komponenten allen menschlichen Daseins. Rudolf Steiner formuliert damit nichts Geringeres als das genaue Gegenteil einer idealistischen Ästhetik, für die das Schöne dann aufleuchtet, wenn die Idee in sinnlich-wirklichem Kleide erscheint. In seinen eigenen Worten: «Das Schöne ist nicht das Göttliche in einem sinnlich-wirklichen Gewande; nein, es ist das Sinnlich-Wirkliche in einem göttlichen Gewande. Der Künstler bringt das Göttliche nicht dadurch auf die Erde, dass er es in die Welt einfließen lässt, sondern dadurch, dass er die Welt in die Sphäre der Göttlichkeit erhebt.» (Steiner, Goethe als Vater einer neuen Ästhetik)

Sinnlich-wirklich in der Welt existieren die Texte von Goethe, Schiller und Steiner und überall Menschen, die sie lesen, sich damit befassen, darüber sprechen, schreiben oder durch sie inspiriert ihr Leben führen und handeln; sinnlich-wirklich gibt es große und kleinere, professionelle oder laienhafte Inszenierungen der Mysteriendramen, die immer wieder neu versuchen, einen angemessenen Ausdruck für diese individualisierten Initiations-Erfahrungen zu finden; es gibt in der Welt unzählige eurythmische Aufführungen und Arbeitszusammenhänge auf künstlerischen, sozialen und studentischen Feldern, in pädagogischen, therapeutischen und hygienischen Lebensbereichen; es gibt das einmalige Goetheanum in Dornach bei Basel und überall auf der Welt Lebens- und Erscheinungsformen der Anthroposophischen Gesellschaft.

Allen diesen sichtbaren Wirklichkeiten wohnt ein unsichtbar Bewegendes inne, ein nicht sinnlich erscheinender Geist, aus dem sie entstanden und immer neu entstehen. Alle diese Lebens- und Wirklichkeitsformen erscheinen im Gewand dieses Geistes – mehr oder weniger.

Und sind sie schön? Ist die Anthroposophische Gesellschaft schön? Sind das Goetheanum und eine besondere eurythmische Tätigkeit in China, eine bestimmte Inszenierung der Mysteriendramen in Brasilien oder ein

Forschungskolloquium zu Steiners Wissenschaft vom Geist und Schillers Ästhetik in Deutschland schön?

Das wird nicht zuletzt von dem abhängen, der diese Frage stellt und auf sie antwortet. Denn die Schönheit lebt in der Seele dessen, der sie betrachtet (Hume, Kant) – aber nicht nur: Etwas Unschönes schön oder etwas Schönes hässlich zu finden, liegt nicht in der Freiheit des Betrachtenden (es sei denn, er möchte nur etwas über sich selbst sagen). Die Übereinstimmung von Form und Stoff kann in ihrem Ausdruck so dicht, das Zusammen von Geist und Materie in einer Erscheinung so harmonisch und einmalig werden, dass Schönheit unweigerlich erscheint; die Beziehung zwischen ideeller und sinnlicher Welt kann aber auch so unverhältnismäßig sein, einen so verzerrten Ausdruck annehmen, dass sie hässlich wird. Und das ist unabhängig von Sensibilität, Geschmack und Urteilsfähigkeit eines Betrachters, den es aber dennoch immer braucht, wenn überhaupt von Schönheit oder ihrem Gegenteil gesprochen wird. Denn die ästhetische Erfahrung lebt inmitten der Seele dessen, der die Erfahrung macht, ohne dass sie dadurch unabhängig von ihrem Anlass wäre.

Die ästhetische Erfahrung ist eine empfindende und urteilende Wechselwirkung zwischen Welt und Ich, eine Welt-Ich-Beziehung, die viel über beide Beteiligte zu sagen hat.

Diesem Welt-Ich-Verhältnis wohnt eine dreifache Frage inne. Die Frage nach Substanz, Form und Glanz (ten Brink, S. 182 ff.). Anders formuliert: Welcher Geist gibt einem bestimmten Ausdruck seine Form? Zu welchem Geist führt mich die Form einer bestimmten Erscheinung? Und wie lebt der Mensch in einer Welt, für die er immer mehr verantwortlich wird?

Mit Blick auf die im Folgenden untersuchten Zusammenhänge ließe sich mit Schiller und Steiner die Richtung einer Antwort etwa so ins Auge fassen:

«Durch die Schönheit wird der sinnliche Mensch zur Form und zum Denken geleitet; durch die Schönheit wird der geistige Mensch zur Materie zurückgeführt und der Sinnenwelt wiedergegeben.» (Schiller, 18. Brief)

«Wo Liebe, wo Mitgefühl sich regen im Leben, vernimmt man den Zauberhauch des die Sinnenwelt durchdringenden Geistes.» (Steiner, GA 17)

In diesem Sinne habe ich den Eindruck, dass die Autorin eine im künstlerischen, reflexiven und meditativen Umgang mit den behandelten «Gegenständen» gereifte Zeugenschaft dokumentiert. Sie macht dabei ein zartes Gewebe sichtbar, das die Anthroposophie lebendig durchzieht. Aus einem Mitvollziehen ihrer Beobachtungen, Deutungen und Fragen kann man viel über das Michael-Mysterium, über Goethes Märchen, die Mysteriendramen und die Grundsteinmeditation sowie ihre Beziehung zueinander lernen. Möglicherweise kann es darüber hinaus dazu beitragen, dass anthroposophisch inspirierte Lebens- und Arbeitsformen schöner werden.

Bodo von Plato, Berlin

Prolog

In einer wunderbaren, in den Mysteriendramen so nicht enthaltenen Unterhaltung zwischen Professor Capesius und Felicia Balde charakterisiert Rudolf Steiner die Grundlage der Eurythmie. Diese fiktive Unterhaltung schildert er bei einer Einführung in die Eurythmie – anlässlich der allerersten Eurythmie-Vorführung zum 164. Geburtstag von Johann Wolfgang von Goethe (GA 277a, Einführende Worte vom 28. August 1913).

Dabei versucht Frau Balde, Capesius zu erklären, warum er die Märchen, die sie ihm erzählt, nicht verstehen könne. Er könne nämlich gar nicht richtig zuhören. Um richtig zu verstehen, solle er seinen Ätherleib tanzen lassen. Denn die Märchen empfängt Felicia aus der geistigen Welt, aber nicht in Worten, sondern in Bewegungen. Wenn wir den Ätherleib tanzen ließen, so sagt Felicia, könnten wir die Bewegungen, die die geistigen Wesen machten, aufnehmen, und dann würden sie durch unseren Kehlkopf zu Worten werden.

Dazu solle der Professor versuchen, sein Herz ein wenig in den Kopf hinaufsteigen zu lassen.

Im Folgenden sei der Dialog wiedergegeben:

So sagt Felicia Balde: «Ja, es macht mir immer eine recht große Freude, wenn ich sehe, wie Sie das erfrischt, was ich Ihnen erzählen kann, aber Sie können nur so schlecht zuhören, und das macht mir große Schwierigkeiten!»

PROFESSOR CAPESIUS: «Ja, aber ich höre doch mit aller meiner Fassungskraft zu!»

FELICIA: «Das ist es ja eben, dass Sie die Fassungskraft gar nicht haben, mit der Sie auch noch zuhören sollten.»

CAPESIUS: «Ja, was fehlt denn an meinem Zuhören?»

FELICIA: «Ich glaube, Sie werden mich gar nicht richtig verstehen!»

CAPESIUS: «Ich möchte es aber doch gerne verstehen.»

FELICIA: «Ja, wissen Sie, wenn Sie mir richtig zuhören würden, dann würde Ihr Ätherleib tanzen, aber er tanzt nicht!»

CAPESIUS: «Und warum sollte denn mein Ätherleib tanzen? Und wie soll ich das machen?»

FELICIA: «Ja, sehen Sie, da müssen Sie erst verstehen, wie ich eigentlich zu all den Märchen komme, die ich Ihnen erzähle.»

CAPESIUS: «Sie haben mir so oft gesagt, dass Sie die Märchen aus der geistigen Welt empfangen, und ... ich getraue mich eigentlich gar nicht das auszusprechen, was ich nun sagen möchte. Ich kann nicht begreifen, warum diese Wesenheiten, die sich Ihnen da mitteilen, immer gerade die Sprache haben sollten, welche jene reden, die ihnen zuhören und dann die Märchen nacherzählen.»

FELICIA: «Das ist es ja eben! Da müssen Sie noch gescheiter werden gerade in diesem Punkt. Die Wesenheiten erzählen eben in gar keiner Sprache, sondern sie bewegen sich. Und alles, was an ihnen Bewegung ist, das muss man verstehen.»

CAPESIUS: «Wie machen Sie das?»

FELICIA: «Ja, sehen Sie, da muss man die Kunst verstehen, das Herz eine Weile in den Kopf hinauffahren zu lassen. Dann kriegt man eine eigentümliche Empfindung von all den Bewegungen, welche die Elfenwesenheiten, die Märchenprinzen und Feen da machen. Und was man so fühlt, das geht dann wie Ströme in den Kehlkopf hinein: da kann man dann erzählen. Und wenn Sie recht zuhören würden, dann würde auch Ihr Ätherleib nachtanzen. Da Sie das aber nicht können, so können Sie auch nicht alles verstehen, und vieles geht Ihnen verloren von dem, was ich Ihnen sage.»

In dieser seelisch-geistigen Beleuchtung bitte ich die Fragen, Entdeckungen und Zusammenhänge dieses Buches zu betrachten. Sie sind vor allem der eurythmischen Tätigkeit entsprungen, sei es auf der Bühne, in Kursen oder im stillen Üben.

Ich will hier versuchen, auf eine dreifache Metamorphose von ein und derselben Sache hinzuweisen. Wir können diese auch das *Rosenkreuzermysterium* nennen, das ist aber wiederum auch «nur» ein Name. Es geht um die Geburt, das Leben und das Karma der Anthroposophie, der Anthroposophischen Gesellschaft und ihrer Mitglieder.

Das kosmische *Urbild,* das wesenhaft in der von Rudolf Steiner so benannten *Michael-Schule* in der geistigen Welt lebt, findet ein *Abbild* in dem «Märchen» von Johann Wolfgang von Goethe. Der übersinnliche Michaelskultus fand 1794 zeitgleich mit der Entstehung dieses Märchens statt. In Goethes Seele bildeten sich – unbewusst – Abbilder von diesem Kultus. Eine zweite Metamorphose bildet das erste durch Rudolf Steiner geschriebene Mysteriendrama «Die Pforte der Einweihung». Darin erscheint dieses Wesen als *Vorbild.* In der Weihnachtstagung 1923/24 gipfelt es als *Wahrbild* in der Grundsteinmeditation.

Michael-Schule	kosmisches Urbild
Goethes Märchen	Abbild
Die Pforte der Einweihung	Vorbild
Grundsteinmeditation	Wahrbild

Die Verbindung von Goethes Märchen mit der «Pforte der Einweihung», dem ersten von vier Mysteriendramen, ist eindeutig. Die «Pforte der Einweihung» urständet im Märchen. Die bei Goethe sich verwandelnden Figuren werden bei Rudolf Steiner zu Individualitäten mit ihren je eigenen Entwicklungswegen, die sich im Lauf der vier Dramen über mehrere Inkarnationen erstrecken.

Von biografischen Verwandlungen und Entwicklungen der Dramen kommen wir zuletzt durch eine dritte Metamorphose zum reinen Innenleben in der Meditation des Grundsteinspruchs. So wurden die «Worte der Grundsteinlegung» an der Weihnachtstagung 1923/24 in die Herzen der anwesenden Menschen gelegt. Die Menschenseele wird durch diese Grundsteinlegung zum neuen Tempel, ausgehend von der leiblichen Dreigliederung: den Gliedern, dem Herz-Lungensystem und dem Haupt. Mit dem dreifachen Ruf ‹Menschenseele› beginnen die Worte der Grundsteinlegung, um überzuführen in «Du lebest in den Gliedern», «... in dem Herzens-Lungen-Schlage», «... im ruhenden Haupte».

So sind wir bei der *menschlichen Gestalt* als Ausgangspunkt für die Grundsteinmeditation angelangt. Das wahre Bild der Menschenseele ist hier bis ins irdische Instrumentarium – den Leib – hinein inkarniert, mit der Möglichkeit für *alle* Menschen, in Selbstverantwortung die Verbindung zum Übersinnlichen aus sich heraus wiederherzustellen und bei dem Urbild in Freiheit anzuschließen.

Eine Schilderung dieser Würdigung des Leibes ist auf besonders schöne Weise in folgenden Worten der *Maria* aus dem dritten Bild des dritten Mysteriendramas «Der Hüter der Schwelle» zu finden. Wir befinden uns in *Luzifers* Reich, in dem *Professor Capesius* gerade seine Leibfreiheit genießt. Maria spricht diese Worte an *Luzifer* gewandt (GA 14, S. 313).

> «Der Leib, der Erdenseelen eigen ist,
> er trägt in sich die Mittel, göttlich Schönes
> in hehren Bildern wirksam nachzuschaffen.
> Und diese sind, wenn auch ihr Dasein nur
> sich schattenhaft in Menschenseelen zeigt,
> die Keime doch, die einst im Weltenwerden
> zu Blüten und zu Früchten werden müssen.
> So dient durch seinen Leib der Mensch den Göttern.
> Und seines Seelenlebens wahrer Sinn
> erscheint ihm nur, wenn sich in seinem Leibe
> die Kraft zu wesenhaftem ‹Ich› erfühlt.»

Der Dienst, von dem *Maria* spricht, ist ein Gottesdienst, und damit geht das Novalis-Wort in Erfüllung: «Es gibt nur einen Tempel auf der Welt, und das ist der menschliche Körper. Nichts ist heiliger als diese *hohe Gestalt.*»

Die Wortbildung «erfühlt» am Ende der Worte der Maria deutet dabei auf eine seelische Aktivität im Leib, die uns bei den «Übsätzen» der Worte der Grundsteinlegung, als drittem Metamorphoseschritt, weiter beschäftigen wird.

Mir sind diese Worte der Maria unendlich teuer. Können sie doch als eine Definition der Eurythmie gelesen werden!

Die künstlerischen Mittel der Eurythmie sind bekanntlich «Bewegung», «Gefühl» und «Charakter», die an der Gestalt erlebt werden und eine weitere Dreigliederung aufzeigen, die auf die seelische Aktivität im Leib hinweist.

Und noch zuletzt ist die Rede von Keimen, die einst im Weltenwerden zu Blüten und zu Früchten werden müssen. Ob dies Wahrheit wird, liegt in unseren Händen, hängt ab von uns als übenden Menschen!

Erster Teil: Das Märchen – Goethes geheime Offenbarung

1. Einleitend

«An dem großen Flusse, der eben von einem starken Regen geschwollen und übergetreten war, lag in seiner kleinen Hütte, müde von der Anstrengung des Tages, der alte Fährmann und schlief. Mitten in der Nacht weckten ihn einige laute Stimmen.»

So lautet der Anfang von Goethes Märchen. Wir befinden uns am Ufer einer nicht-sinnlichen Welt, dem Reich der schönen Lilie. Und schon im Voraus sei gesagt: am Schluss des Märchens stehen wir wieder am selben Ort, dann wird an dieser Stelle der neue Tempel stehen und die Brücke über den Fluss gebaut sein.

Zwei Irrlichter wollen inmitten einer stürmischen Nacht übergesetzt werden und sich der schönen Lilie zu Füßen werfen. So lassen sie sich vom Fährmann über den Fluss setzen. Dort angekommen, vernehmen sie von der Schlange, dass sie sich geirrt haben. Die Schöne wohnt dort, wo sie hergekommen sind ... eine Irrfahrt also!

Das Märchen bildet den Schluss der «Unterhaltungen deutscher Ausgewanderten». Diese Novellenreihe spielt zur Zeit der Französischen Revolution, während der sich eine Familie auf der Flucht befindet. Von den sieben Novellen ist das Märchen die letzte, erzählt von einem alten Geistlichen auf die Bitte des Sohnes Felix. Bevor der Alte aber beginnt, leitet er seine Erzählung folgendermaßen ein:

«Sie macht keine Pläne, nimmt sich keinen Weg vor, sie wird von ihren eigenen Flügeln getragen und geführt, und indes sie sich hin und her schwingt, bezeichnet sie die wunderlichsten Bahnen, die sich in ihrer Richtung stets verändern und wenden. Lassen Sie auf meinen gewöhnlichen Spaziergängen erst die sonderbaren Bilder wieder in meiner Seele lebendig werden, die mich in frühern Jahren oft unterhielten. Diesen Abend verspreche ich Ihnen ein Märchen, durch das Sie an nichts und an alles erinnert werden sollen.»

Goethe schrieb «Das Märchen» für Schillers «Horen» 1795. Es ist in einem gewissen Sinne Goethes Antwort auf die mehr begrifflichen «Ästhetischen Briefe» Friedrich Schillers. Dieser hatte herausgearbeitet, wie der wahrhaftige Mensch zwischen Geist und Natur lebt. Goethe war begeistert von den Briefen, er habe das Manuskript, wie er selber sagt, auf einen Zug hinuntergeschlürft. So beschreibt er, wie er das, was er seit langer Zeit schon erkannt habe, was er teils lebte oder zu leben sich wünschte, auf eine edle Weise in den Briefen vorgetragen finde. Goethe und Schiller waren Zeitgenossen und ab 1794 Freunde. Aus ihrem Briefwechsel geht hervor, dass die Schiller'sche Lösung zum wahrhaftigen Menschsein für Goethe allerdings zu abstrakt war. Seine Lösung ist daher eine künstlerische, bildhafte, poetische. So sind der innere Impuls für das Märchen die Briefe Schillers, es gibt aber auch noch einen äußeren Impuls – ganz dem Sinnesmenschen Goethe entsprechend.

Bei einem Spaziergang am Flussufer in Jena, in einer Gegend, die das Paradies genannt wird, sieht er auf der anderen Seite des Flusses eine schöne, weiß gekleidete Frau. Er hört ihren Gesang über das Wasser tönen. Gleichzeitig ist dort auch ein alter Mann, der gerade ein paar lachende Studenten in seinem schmalen Kahn über das Wasser hinüberschifft. Dieses Erlebnis weckt in Goethe die Bilder des Märchens; noch am selben Abend fängt er an, es niederzuschreiben.

Schiller wiederum liest das Märchen und schreibt in einem Brief an Goethe:

«Und ich finde die Idee, deren sie einmal erwähnten, das gegenseitige Hülfeleisten der Kräfte und das Zurückweisen auf einander, recht artig ausgeführt.»

Kommen wir zuletzt zu einem im Märchen wiederholt auftauchenden Motiv: dem Stand der Sonne. Immer wieder sagt uns Goethe auf künstlerische Weise «wie spät» es nun ist, das heißt nicht in Stunden, aber in Form von Bildern; wo die Sonne gerade am Himmel steht. Die Zeit kann damit zum Schlüssel im Durchdringen von vielen Bildern werden, zum Enträtseln vieler Geheimnisse beitragen.

Ich fühlte mich, als ich darauf aufmerksam wurde, dazu angeregt, mir eine genaue Vorstellung des Zeitverlaufs der Geschichte zu machen, und war manches Mal freudig überrascht über die «exakte Phantasie» Goethes. Die Zeit ist hier zum Raum geworden. Anhand der verschiedenen Gestalten im Märchen werde ich dieses entstandene Bild in seiner Ganzheit darzustellen versuchen.

Dabei ist mir eine Frage offengeblieben. Wo steht die Sonne am Ende des Märchens? Ich vermute, dass es 9.00 Uhr am Morgen ist. Die ganze Geschichte dauert dann dreißig Stunden und noch ein paar wenige ... Sind es etwa 33 Stunden?

Das Märchen möchte – so kommt es mir vor – entdeckt werden. Wie etwas Lebendiges zeigt es sich immer neu, für jeden Menschen, der sich damit verbindet, und immer wieder bringt es neue Schätze ans Tageslicht. Und es wird nie fertig!

2. Die Figuren

Es gibt im Märchen eine bunte Gesellschaft von 19 sich mehr oder weniger verwandelnden Gestalten. Schauen wir sie in der Reihenfolge ihres Erscheinens an.

Der Fährmann

Der Fährmann wohnt in seiner kleinen Hütte am Ufer des Flusses, dort, wo auch die Lilie zuhause ist. Er darf die Menschen nur in eine Richtung übersetzen, vom Jenseits ins Diesseits.

So sind wir alle unbewusst – in diesem Bild mit dem Fährmann – gekommen, aber wir können nicht ohne unser eigenes Zutun wieder ins Reich der schaffenden Mächte zurückkehren.

Nun kennen wir aus der Mythologie das Bild des Fährmanns, der die Menschen über den Fluss ins Jenseits bringt. Der Lohn für die Fahrt sind Münzen, die unter die Zunge oder auch auf die Augen der Verstorbenen gelegt werden. Es ist dies aber der umgekehrte Weg. In den Mythen bringt der Fährmann uns ins Totenreich. Der Fährmann Goethes aber bringt uns ins irdische Leben hinein. Da nützen ihm die Münzen nichts ...

Er ist als Vertreter der Natur vertraut mit den Gesetzen des Flusses und trägt Verantwortung. In seiner Funktion und seinem Wesen gehört er zum

Fluss. Sein Lohn besteht daher aus Früchten der Erde, neun in der Zahl. Davon muss er ein Drittel dem Fluss abgeben, nachdem er die Feldfrüchte neun Stunden zusammengehalten hat. Das Bild mag uns erinnern an die Zeit, die wir schlafend verbringen. Gehen wir doch jede Nacht über den Fluss. Wir verarbeiten in der Nacht unsere Erdenerfahrungen, bringen sozusagen der geistigen Welt die Früchte der Erde entgegen.

Ebenfalls ein Drittel unseres Lebens brauchen wir im Nachtodlichen, um unsere « Erdenfrüchte » zu verdauen, im sogenannten Kamaloka. Es zeigt sich darin eine Verwandtschaft zwischen Schlaf und Tod. Deswegen wird der Schlaf als kleiner Bruder des Todes bezeichnet.

Mit dem Gold aber, das die Irrlichter dem Fährmann als Lohn anbieten, kann er nichts anfangen. Ja, es ist sogar schädlich für den Fluss. Dieser würde sich in entsetzlichen Wellen erheben … Es sollen lebendige Kräfte sein, mit denen der Fährmann bezahlt wird, geht man doch auf die Erde zu. Zudem verfügt er auch über besondere Kräfte, die sein Amt übersteigen. Denn er kann die beiden beweglichen, flatternden Irrlichter an die Erde fesseln, bis sie versprechen, ihre Schuld abzutragen.

Am Ende der Geschichte verwandelt sich die Hütte des Fährmanns mit viel Lärm in einen silbernen Altar. Er selbst erscheint in einem weißen, kurzen Rock und hält ein silbernes Ruder in der Hand. Die Kraft des Ruders diente ihm früher zum Vorwärtskommen und zur Orientierung im Fluss. Nun unterstützt er die Tempelarbeit mit diesem neuen Instrument. Ist er wohl zu einem Berater geworden ? Man darf ihn vielleicht am Ende des Märchens einen Tempelhüter nennen.

Die Irrlichter

Die Irrlichter sind zwei leichte, bewegliche Herren « von der vertikalen Linie ». Ihr Kleid ist die Flamme, ihre Nahrung das Gold. Sie lecken es mit ihren Flammen auf, wodurch sie wachsen und leuchten, schütteln es aber genauso gerne wieder ab. Sie prägen es, die Goldstücke werden herausgeworfen, aber dieses Gold selbst bleibt unverwandelt, das heißt unverdaut. Die Irrlichter sind also unproduktiv, haben keine eigenen Ideen. So ist das abgeschüttelte Gold wortwörtlich Abfall, unbrauchbar, ja sogar schädlich für das lebendige Wesen des Flusses.

Stellen wir uns folgende Situation vor Augen: Man hat einen wunderbaren Vortrag gehört und meint, jetzt unbedingt den Inhalt weitergeben zu müssen. Voller Begeisterung erzählt man, vielleicht mit Verwunderung darüber, dass der Zuhörende nicht ebenfalls begeistert ist. Hier ist es ähnlich wie beim Abschütteln des Goldes durch die Irrlichter. Wir haben die weisheitsvollen Inhalte nicht verdaut, sie uns lange noch nicht zu eigen gemacht. So kann auch der Andere damit nichts anfangen. Das «Gold» kann erst zur Substanz werden, wenn es innerlich verdaut und einem eigen geworden ist.

Die Irrlichter sind die einzigen Figuren im Märchen, die doppelt vorkommen – tatsächlich gibt es auch keinen Unterschied zwischen den beiden. Sie sind diejenigen, die sich im Verlauf des Märchens vielleicht auch am wenigsten verwandeln.

Zunächst verursachen sie Chaos, doch sind sie auch diejenigen, die die ganze Geschichte in Gang bringen. Durch die Aufnahme ihrer Goldstücke stirbt zwar der Mops, aber es sind dieselben Goldstücke, die die Schlange auch zum Leuchten bringen. So ist auch ihre Aufgabe im Märchen eine zweideutige.

Am Ende des Märchens sind die Irrlichter etwas anständiger geworden und erweisen der Gemeinschaft einen großen Dienst. Sie sind nämlich die Einzigen, die die Pforte des Tempels öffnen können. Auf die Bitte des Alten lecken die Irrlichter das Schloss, das aus reinem Gold ist, aus. Gerade weil wir durch den «Haupteingang» des Tempels hineingehen sollen, erkennen wir, dass wir ohne die Hilfe der Irrlichter gar nicht hinein kämen! Das Herauslecken des Goldes vom gemischten König in der letzten Tempelszene am Ende des Märchens beendet dessen Walten, er wird zum unförmigen Klumpen, das Herauslecken des Schlosses eröffnet den neuen Tempel. Auch hier sehen wir ihre doppelte Wirksamkeit.

So sind die Irrlichter immer dort, wo etwas sterben muss, um neu geboren zu werden. Das mag erinnern an die Irrlichter in Sagen und Legenden; dort sind sie des Öfteren an Grabstätten zu finden. Wir werden zudem sehen, dass die Irrlichter sich von allen Figuren des Märchens am wenigsten verwandeln.

Die Schlange

Die Schlange ist wohl diejenige Figur, die im Märchen die größten Verwandlungen durchmacht. Es gibt kaum ein Tier, das der Erde so nah ist wie die Schlange, das die Erde mit seinem ganzen Körper berührt. Und weil sie ihr Leben lang wächst, muss sie ihre Haut, die nicht mitwachsen kann, immer wieder ablegen. Diese Häutung ist jedes Mal eine komplette und findet ein- bis dreimal pro Jahr statt. So macht die Schlange im irdischen Sein ebenfalls Verwandlungen durch. Goethe stellt uns die grüne Schlange wie folgt vor:

«In dieser Kluft befand sich die schöne grüne Schlange, die durch die herabklingenden Münzen aus ihrem Schlafe geweckt wurde. Sie ersah kaum die leuchtenden Scheiben, als sie solche auf der Stelle mit großer Begierde verschlang und alle Stücke, die sich in dem Gebüsch und zwischen den Felsritzen zerstreut hatten, sorgfältig aufsuchte.

Kaum waren sie verschlungen, so fühlte sie mit der angenehmsten Empfindung das Gold in ihren Eingeweiden schmelzen und sich durch ihren ganzen Körper ausbreiten, und zur größten Freude bemerkte sie, dass sie durchsichtig und leuchtend geworden war.»

Ist es zuerst die Begierde, die sie treibt, das Gold in sich aufzunehmen, so verwandelt sich diese bald in Freude über das Leuchten ihrer Gestalt, nachdem das Gold verdaut ist und sich durch ihren ganzen Körper ausgebreitet hat. Im Gegensatz zu den Irrlichtern ist die Schlange imstande, das Gold zu verdauen. Die Irrlichter schütteln es nur verschwenderisch wieder ab, denn sie haben kein Innenleben. Die Schlange aber nimmt das Gold in sich hinein und verwandelt es dadurch in Licht.

Sie macht gleich zu Beginn des Märchens ihre erste Verwandlung durch: vom sympathischen, erdverwandten Grün zum durchsichtigen Leuchten. Sie kann auch dadurch zeitweilig von der Horizontalen in die Vertikale kommen, sich erheben! Nur kann sie diese Aufrechte nicht lange beibehalten und die Irrlichter verspotten sie deswegen, und so muss die Schlange sich bald wieder zur Erde neigen.

Nachdem sie aber nun leuchtend geworden war, treibt sie die Neugierde in den Tempel hinein. Des Öfteren ist sie schon dort gewesen und hat dabei gefühlt, dass an diesem Ort Gestalten aufgestellt sind, die «die menschliche Hand verraten». Nun kann die Schlange sie zum ersten Mal sehen. Das berühmte, oft zitierte Gespräch mit dem goldenen König über Gold, Licht und das Gespräch findet statt. Was besprochen wird, realisiert sich aber auch zur gleichen Zeit: Das Gold bringt der Schlange das Licht, das Licht führt sie zum Gespräch.

Kurz danach folgt die Begegnung mit dem Mann mit der Lampe. Die Schlange kennt das offenbare, vierte Geheimnis und flüstert es dem Alten ins Ohr. Daraufhin kann er ausrufen: «Es ist an der Zeit!» Wir kommen später auf dieses vierte Geheimnis zurück.

Des Weiteren hat die Schlange die Fähigkeit, sich zur Mittagsstunde für kurze Zeit über den Fluss zu beugen und dadurch eine Brücke zu bilden. Es ist die Zeit, wenn die Sonne am höchsten Punkt steht, die Stunde der «Besonnenheit».

Als ich einmal eurythmisch für die Rolle des Alten meine Schritte übte, um «über die Brücke zu gehen», wurde mir klar, was für ein besonderes Bild sich hier zeigt: wir gehen über den Leib der Schlange. Ich habe dann versucht, meine Schritte so ehrfurchtsvoll wie möglich zu gestalten.

In der chinesischen Kultur gibt es eine Tradition, dass man sich im Tempel über den Rücken gehen lässt, als Ehrerbietung gegenüber einem heiligen Mönch. Es kann vorkommen, dass sich ein König mit innigster Demut vor einem Mönch beugt und ihm seinen Rücken als Trittbrett zum Altar anbietet. In der christlichen Tradition kennt man dieses Bild und dessen innere Geste von der Fußwaschung.

Die Brückenbildung ist nur für eine begrenzte Zeit, die Sonnenstunde, da, aber die Weissagung besagt uns, dass sie eines Tages dauerhaft sein wird.

Nur einmal im Märchen ist es nicht zur Mittagsstunde, wenn die Schlange ihre Brücke bildet. In der Krise, oder besser gesagt während der Katastrophe des Scheintodes des Jünglings, bildet die Schlange innerhalb des Geschehens zur Mitternacht ebenfalls eine Brücke, dieses Mal für die ganze sich in der Krise befindende Gemeinschaft.

Diese kann dadurch über die Brücke ziehen, die nun herrlicher denn je leuchtet. Sie erscheint als leuchtender Kreis, vom Fährmann aus der Ferne mit Staunen bewundert. Man möchte in diesem Moment innehalten und fragen: «Fährmann, warum schläfst du nicht?» Ahnt der Fährmann, oder weiß er sogar, was bevorsteht?

Das von ihm wahrgenommene Bild mag erinnern an «Die Wintersonnenwende» von Rudolf Steiner (GA 40, S. 73):

«Die Sonne schaue
Um mitternächtige Stunde.
Mit Steinen baue
Im leblosen Grunde.

So finde im Niedergang
Und in des Todes Nacht
Der Schöpfung neuen Anfang,
Des Morgens junge Macht.

Die Höhen lass offenbaren
Der Götter ewiges Wort;
Die Tiefen sollen bewahren
Den friedevollen Hort.

Im Dunkel lebend
Erschaffe eine Sonne.
Im Stoffe webend
Erkenne Geistes Wonne.»

Ebenfalls als Kreis zeigt sich die Schlange das erste Mal, um den Jüngling vor Fäulnis zu beschützen. Es ist das Bild der Ouroborus, der sich in den Schwanz beißenden Schlange.

Wir kennen es als Symbol für die sich verwandelnde Materie und finden dieses Bild bei Rudolf Steiner im Siegel des vierten Mysteriendramas « Der Seelen Erwachen » wieder.

Das zweite Mal, dass die Schlange einen Kreis bildet, ist nach ihrer Opfertat. Doch die Form des Schlangenleibes ist durch eine ungeschickte Bewegung der Alten alsbald verschwunden. Dieser Kreis besteht aus tausenden und abertausenden leuchtenden Edelsteinen. Es sind so viele, und man möchte fragen, was sagt uns Goethe damit? Der Mops wird ebenfalls, nachdem er einige Goldstücke gefressen hat, zum Onyx, zu einem Stein, einer Gestalt. Was sagt uns diese Vielfalt an Edelsteinen? Sie sind so schön, dass die Damen gerne einen für sich haben möchten ... Aber der Alte hat versprochen, keinen einzigen Stein an Land zu lassen.

Die Schlange verwandelt sich also von einem erdennahen Wesen über die leuchtende Vertikale zum Bogen, zum leuchtenden Kreis, um schlussendlich als dauernde Brücke ihre endgültige Form zu erhalten.

Ihr Glanz nimmt während des Verlaufs des Märchens immerfort zu, von Goethe immer wieder ausführlich dargestellt, um schlussendlich ganz zu verschwinden.

Die dauernde Brücke ist dabei die stärkste Verwandlung der Schlange; tausende Edelsteine werden zu den Grundpfeilern des festen Bauwerks. Ihre Schönheit liegt nun in der Form, nicht mehr in ihrem Glanz.

Der Alte beschreibt die dauernde Brücke, als die endgültige Form der Schlange, gegen Ende des Märchens folgendermaßen:

«Jene schwimmenden und leuchtenden Edelsteine, die Reste ihres aufgeopferten Körpers, sind die Grundpfeiler dieser herrlichen Brücke, auf ihnen hat sie sich selbst erbaut und wird sich selbst erhalten.»

Wie die Substanz, die Form und der Glanz der grünen Schlange sich während des Märchens verwandeln, ist von Goethe künstlerisch und zu gleicher Zeit genauestens dargestellt. Es lohnt sich, diese einzelnen Beschreibungen auf sich wirken zu lassen, wir werden ihnen im Kapitel über die Worte der Grundsteinlegung anhand der drei Begriffe Substanz, Form und Glanz wieder begegnen. Hier seien die Edelsteine, die mit Namen genannt werden, noch kurz behandelt.

Zuerst hören wir aus dem Mund des Jünglings, wie er die Schlangenbrücke kennt und wie sie gerade aussieht, als er zu dieser ersten Mittagsstunde mit der Alten auf die Brücke zugeht. So sagt er, dass sich gewöhnlich Jaspis und Prasem zeigten. Beide Steine sind grün, der Jaspis olivgrün, der Prasem ist eine lauchgrüne Variation aus der Jaspis-Familie. Also in der Farbe ganz so wie die Schlange selbst im lebendigen Grün.

Prasem und Jaspis

In der Offenbarung des Johannes wird der Jaspis als wichtigster, edelster Stein genannt. In seiner okkulten Mineralogie[1] geht Friedrich Benesch dem nach. Benesch spricht vom Jaspis-Problem, weil der Stein an vier verschiedenen Stellen im Bild des himmlischen Jerusalem auftaucht, jeweils in verschiedenen Qualitäten. Die Mauer der Stadt besteht aus Jaspis, und der erste der Schmucksteine auf den Grundsteinen ist aus Jaspis. Zusammenfassend beschreibt Friedrich Benesch den Edelstein folgendermaßen:

«Man kann also im geistigen Sinne von einer ‹Jaspisgruppe› sprechen, so wie man mineralogisch z. B. von der Granat-Gruppe spricht. Im Geistigen bedeutet dies das seelische Erleben an einer Gruppe von Mineralien, die ein gemeinsames Mysterium verbindet. Es entsteht dieses Jaspis-Erlebnis an ganz bestimmten Mineralerlebnissen dadurch, dass folgendes erfahrbar wird:

1 Diese Mineralien hängen mit dem höchsten göttlichen Wirken und dessen geistiger Erscheinung zusammen.
2 Sie sind am tiefsten abgestiegen und dennoch ganz jungfräulich ‹edel› geblieben.

---

1 Benesch, Friedrich: Apokalypse – Die Verwandlung der Erde – Eine okkulte Mineralogie. Urachhaus Verlag 1981.

3 Dadurch enthalten sie eine Keimkraft, die sie befähigt, wiederum zum Höchsten aufzusteigen.»

Und nun, so sagt der Jüngling, als er mit der Alten auf dem Wege zur schönen Lilie ist und die Brücke von ferne betrachtet, erscheint die Brücke mit der anmutigsten Mannigfaltigkeit in Smaragd, Chrysopras und Chrysolit. «Chryso» heißt auf griechisch wörtlich Gold! Dieses Gold ist in der Farbe des Chrysoprases zuerst allerdings nicht sichtbar, seine äußerliche Farbe ist ein pflanzlich-wässriges Grün.

Chrysopras und Chrysolit

Wiederum beschreibt Friedrich Benesch in seiner okkulten Mineralogie:

«Das ruhige, lebensvolle Grün des Chrysoprases hat etwas Gediegenes, Beständiges, ausgleichend Beruhigendes [...] So lebt im Chrysopras die Tugend der Durchhaltekraft, der Ausdauer und Standhaftigkeit, die aus Reifenwollen und Reifenlassen die innere Sonne in dieser Ausdauer tätig sein lassen kann. [...] Was aber beim Wachsen und Reifenlassen in der Durchhaltekraft sich verbirgt, ist ein langsames Sich-Aussprechen dessen, was während des Wachstums verhüllt ist. Im Grün verbirgt sich das Gold ...»

Der Name Chrysolit ist zusammengesetzt aus dem schon genannten Wort Chryso, also Gold, und Lithos, was Stein bedeutet. Dieser Stein hat eine goldgelbe Farbe. Benesch beschreibt diese Farbe als eine eigenartige, und ich zitiere wiederum so ausführlich, weil es fast so scheint, als ob Benesch hier die Schlange selbst beschreibt:

«Das pflanzenhafte Goldgrün der reinen Chrysolit-Olivine ist eine eigenartige Farbe. Es tritt in ihr ein Nebeneinander und dennoch ein Ineinander eines zarten, lebensvollen Grüntones mit einem sonnenhaften Goldton so in Erscheinung, dass wiederum jede dieser einzelnen Farbnuancen frei für sich und doch wieder mit der anderen verbunden zu sehen ist. Es ist wie eine Art aktive, und doch zurückhaltende Wechselwirkung zwischen Sonne (goldgelb) und Erde (grün).»

Die Augen des Jünglings nehmen durch die zwei Edelsteine, Chrysopras und Chrysolit, die Veränderung, die mit der Schlange vorgegangen ist, nachdem sie das Gold aufgenommen hatte, wahr. Das himmlische Gold und das irdische Grün spielen im Leib der Schlange zusammen! Der dritte Edelstein ist der Smaragd. Auch dieser hat eine grüne Farbe.

Smaragd

Über diesen Stein sagt Benesch:

«Das tiefe, satte Smaragdgrün trägt in sich eine eigenartige geistige Kraft. In einem Vortrag in Helsingfors am 3.4.1912 spricht Rudolf Steiner von der moralischen Qualität des reinen Grüns. ‹In diesem lebt die reine Gedankenkraft des Kosmos für das übersinnliche Schauen auf, wenn es im moralischen Empfinden das sinnliche Grün durchdringen kann. Man hat dann das Erlebnis: Jetzt verstehe ich das, was ich erlebe, wenn ich in mir vorstelle, wenn ich in mir denke, schaffe …›»

Dieser Beschreibung scheint mir die Wirkung des Goldes im Schlangenleib verwandt, vor allem im Gegensatz zu der Art, wie die Irrlichter mit dem Gold umgehen.

Beim dritten «Schlangenbrücken-Bild» ist nicht mehr von Edelsteinen die Rede, der leuchtende Kreis sieht nun zur Mitternacht aus wie eine Sonne, es werden ihr Glanz, ihre Strahlen und ihre Form, der Kreis mit seinem Mittelpunkt, sichtbar. Von ihrer Substanz ist nun nichts mehr zu lesen.

Zuletzt bleibt also die Form, diese vollendete Architektur der dauernden Brücke.

Die Formverwandlungen der Schlange sind auf den Seiten 25 sowie 144 bis 151 ins Bild gefasst. Seite 25 zeigt die Schlange als Kreis. Bild 1 auf Seite 144 zeigt die Schlange in der Horizontalen, Bild 3 die aufgerichtete Schlange und Bild 7 die Schlange im Bogen als Brücke. Sich so eine künstlerische Bildreihe anzuschauen bringt die Möglichkeit, die Verwandlungen in die Seele hineinzunehmen und dort wirken zu lassen.

Der Alte

Der Alte ist als einfacher Bauer gekleidet. Er lebt mit seiner Frau und dem Mops in einer Hütte, die an einem Berg erbaut ist. Sein wesentliches Attribut ist zweifellos die Lampe. Diese Lampe ist keine gewöhnliche, denn sie trägt Verwandlungskräfte in sich. Wenn sie alleine leuchtet, wird Gestein zu Gold, Holz zu Silber, werden tote Tiere zu Edelsteinen. Wir haben es hier mit einer Substanzverwandlung, Substanzveredelung zu tun, aber alle Metalle werden vernichtet. Das Licht der Lampe wirft zudem keinen Schatten – es ist ein reines Innenlicht. Und es darf nur scheinen, wo schon ein anderes, inneres Licht aufgegangen ist. Dann wirkt sie so, dass sie alles Lebendige erquickt.

Eindrücklich beschreibt Goethe die Ankündigung und das Erscheinen des Lichtes der Lampe im Tempel. Zuerst ist es eine dunkelfarbene Ader im Marmor die hell aufleuchtet, dann speist es den ganzen Tempel mit einem angenehmen Licht. Schlussendlich, bevor der Alte eintritt, zuckt die Ader wie ein Blitz und verschwindet: die Mauer öffnet sich … Ist diese Ader ein Riss im Marmor, oder Metall, das durch die Lampe vernichtet wird, wodurch die Mauer sich öffnet? So werden wir in drei Stufen vorbereitet auf das Kommen des Alten mit seinem Licht.

Der alte Mann kann die Verwandlungskraft der Lampe in drei Reichen einsetzen, im mineralischen, im pflanzlichen und im tierischen Reich. Das

Geheimnis des Menschen, das Geheimnis der Liebe, muss ihm noch von der Schlange eingeflüstert werden.

Obwohl er von dem Geheimnis weiß, ist er abhängig von den Taten des Menschen, um eingreifen zu können. Er muss auf den richtigen Moment warten, erst dann kann er ausrufen: «Es ist an der Zeit!»

Seine Rolle im dramatischen Verlauf der Dinge ist eine leitende, führende. Er begleitet die Gruppe, weiß immer, was zu tun ist, und kommt im richtigen Moment zum richtigen Ort. Und doch greift er in dieser führenden Rolle nicht ins Geschehen ein, ist abhängig von den anderen und rechnet mit den Fähigkeiten und Handlungen der Gruppe um ihn herum.

Seine besonderen Fähigkeiten werden beiläufig erwähnt, so kann er in den Sternen lesen und über das Wasser schreiten, *«gleich als wenn er auf Schlittschuhen ginge»*. Dieses Letzte scheint mir ein Bild zu sein für die Tatsache, dass er keine Brücke braucht, um zwischen den Welten hin und her zu gehen.

Seine Verbindung zum Kosmos, sein Bezug zu den Sternen wird deutlich spürbar, als er, nachdem er die Sternenkonstellation betrachtet hat, Folgendes aussprechen kann:

«Der Alte sah nach den Sternen und fing darauf zu reden an: ‹Wir sind zur glücklichen Stunde beisammen, jeder verrichte sein Amt, jeder tue seine Pflicht, und ein allgemeines Glück wird die einzelnen Schmerzen in sich auflösen, wie ein allgemeines Unglück einzelne Freuden verzehrt.› Nach diesen Worten entstand ein wunderbares Geräusch, denn alle gegenwärtigen Personen sprachen für sich und drückten laut aus, was sie zu tun hätten ...»

«Ein wunderbares Geräusch», wie kann das sein, wenn viele zu gleicher Zeit reden? Offenbar fügen sich die Stimmen harmonisch zusammen, wie in einer Fuge, wo alle Stimmen dasselbe Thema ganz individuell durchspielen. Das Thema dieser Fuge wäre wohl die *Menschenseele,* oder auch die Rettung des Menschen-Ich. Ist dieser Klang Vorbote einer neuen, sozialen Kunst? Ein pfingstliches Motiv klingt an. Eine Gemeinschaft, gebildet aus der Zusammenarbeit von Individualitäten, ist im Begriff zu entstehen ... Der Alte kennt die Notwendigkeit dieser zukünftigen sozialen Kunst.

In den Beschreibungen vom Zug dieser Gruppe über die Brücke bringt Goethe auf herrlich differenzierte Weise die verschiedensten Licht-Qualitäten der einzelnen Figuren zum Ausdruck. Die Lichter der Irrlichter sind nun ernsthaft, der Korb der Alten verbreitet ein sanftes Licht, das zunehmend wächst, und dann ist da das Licht der Lampe des Alten … Diese Gemeinschaft von Lichtern gipfelt in der völlig neuen Erscheinung der Schlange, die nun zum ersten Mal zur Mitternacht ihren Bogen schlägt und zur nächtlichen Brücke wird. Aus der Ferne wird dieses Bild vom Fährmann wahrgenommen:

« Oberwärts schnitt sich der helle Kreis scharf an dem dunklen Himmel ab, aber unterwärts zuckten lebhafte Strahlen nach dem Mittelpunkte zu und zeigten die bewegliche Festigkeit des Gebäudes. Der Zug ging langsam hinüber, und der Fährmann, der von der Ferne aus seiner Hütte hervorsah, betrachtete mit Staunen den leuchtenden Kreis und die sonderbaren Lichter, die darüber hinzogen. »

Nun werden keine Edelsteine beschrieben, es ist die Rede von einem Oben und Unten, von Strahlen und von einem Kreis mit einem Mittelpunkt. Es entsteht das Bild einer Sonne mit sonderbaren Lichtern, die darüber ziehen!

Nachdem sich die Schlange geopfert hat, liegen tausende und abertausende Edelsteine in einem Kreis da und man sieht nichts mehr von der Bildung der Schlange. Der Alte sammelt alle Steine im Korb seiner Frau und zusammen tragen sie die Steine zum Fluss. Recht rätselhaft ist Goethes Darstellung von dem, was nun mit den Edelsteinen geschieht.

« Wie leuchtende und blinkende Sterne schwammen die Steine mit den Wellen hin, und man konnte nicht unterscheiden, ob sie sich in der Ferne verloren oder untersanken. »

Verloren – untersanken, die Worte deuten gar nicht auf einen Wiederaufbau hin! Ist es dann noch unklar, was passieren wird? Wird das Versprechen von der Brücke eingehalten? Goethe lässt es hier offen …

Wir gehen nun auf den Tempel zu und der Fokus liegt auf der Wiederbelebung des Jünglings und seiner Vermählung mit der Lilie.

Erst nach der Verwandlung des Tempels und der Einweihung des Jünglings bemerken wir, dass sich eine Brücke gebildet hat. Nur für den Alten ist dies keine Überraschung, denn er ist von Anfang an vollbewusst, führend, helfend, ohne sich je selbst in den Mittelpunkt zu stellen.

Die Lilie

Die Lilie wohnt mit ihren drei Dienerinnen in einem wunderschönen Garten. In diesem Garten gibt es ausschließlich Grünes: Bäume, Pflanzen und Büsche, doch keine einzige Blume, keine einzige Frucht ist hier zu finden. In diesem immergrünen, eingeschlossenen Platz lebt die Lilie, als einzige Blüte, wie eine Gefangene. Kein Palast, kein Haus, keine Hütte finden wir in ihrem Reich, das Grüne ist ihr Zuhause. Auch die Mädchen haben ihre Wohnung in diesem Grün, wenn sie erscheinen, treten sie aus dem Gebüsch heraus. Noch ein See befindet sich in dieser trostlosen Welt, wiederum ein Bild des Stillstands, denn es strömt kein Bächlein, es fließt kein Fluss; der See bildet ein stehendes Gewässer.

Die Lilie selbst ist wunderschön, sie ist vollkommen weiß, traurig und einsam. Wir erfahren, dass sie eine Sängerin ist und sich selbst auf der Harfe begleitet. Alle ihre Berührungen töten und ihre Blicke lähmen. Wir merken, wenn uns im Verlauf des Märchens der Jüngling und sein Habicht vorgestellt werden, dass beide schon von ihren Blicken berührt worden sind, denn der Jüngling ist zu nichts mehr imstande und der Habicht lässt die Flügel hängen.

Wir haben es bei der schönen Lilie mit einem Wesen zu tun, dem nichts Irdisches anhaftet, sie ist rein geistig. Deswegen ist sie unberührbar. Sie möchte sich aber mit dem Jüngling verbinden, lieben sich die beiden doch inniglich.

Ihre drei Dienerinnen, auch Mädchen oder Gespielinnen genannt, tragen keine Namen. Sie gehören in Liliens Welt, sie können der Lilie dienen und sie sogar berühren, ohne Schaden zu nehmen. Sie sprechen nie, wissen aber scheinbar immer, was für die Lilie zu tun ist. Wir erfahren nur etwas über sie und ihre Aufgaben durch ihre Attribute. Diese sind ein mit Perlen gestickter Sonnenschirm, eine Harfe und ein aus Elfenbein geschnitzter Feldstuhl.

Diese drei Attribute dienen der Lilie in ihrer Dreigliedrigkeit: der Sonnenschirm schützt ihr Haupt, die Harfe ruht an ihrer Brust und sie kann auf dem Stuhl ihre Glieder ausruhen.

Bemerkenswert ist, dass die besonderen Substanzen alle aus dem Tierreich stammen, als wären sie versteinerte Astralität. Es sind runde, aus Schmerz geborene Perlen, womit der Sonnenschirm bestickt ist, die Saiten der Harfe bestehen aus Tiergedärm und die Beine des Stuhls sind aus Elfenbein.

Das Gesamtbild ist wie ein Abbild der Lilie selbst: im Kopfbereich das traurige, weiße Antlitz, in der Mitte der Brustkorb, wo ihr wartendes Herz sich geborgen weiß, und ihre feinen, weißen Glieder. Später kommen noch zwei weitere Attribute hinzu: das Mädchen mit dem Sonnenschirm bringt einen feuerfarbigen Schleier, der das Haupt Liliens *‹mehr ziert als bedeckt›*. Und das Mädchen mit dem Stuhl bringt dann auch noch einen hellen, runden Spiegel.

Der Schleier erhöht die Reize der Lilie, der Spiegel dient Lilie zur eigenen Wahrnehmung. Dieser Spiegel bekommt später in der Geschichte noch eine andere, wichtige Funktion, die wir bei der Betrachtung des Habichts finden werden.

Die drei Mädchen nehmen keinen Anteil am Opfer der Schlange und ihrer Verwandlung. Sie sind noch nicht reif dazu, sie schlafen einfach ein … In den neuen Tempel kommen sie daher erst bei Tagesanbruch hinein. Im Auftrag des Alten weckt der Habicht die drei Dienerinnen beim Sonnenaufgang des neuen Tages, die ersten Sonnenstrahlen werden von dem Spiegel aufgefangen.

Das Weiß der schönen Lilie deutet darauf hin, dass kein Blut in ihren Adern fließt. Sie inkarniert sich erst zum Schluss des Märchens im oberirdischen Tempel: «… und ihre Wangen färbten sich mit der schönsten, unvergänglichsten Röte.»

Dieser Inkarnationsvorgang verläuft wiederum in einem Dreischritt. Noch in ihrem eigenen Reich bringt eines der Mädchen den feuerfarbigen Schleier. Die Farbe entspricht der Zeit des Sonnenuntergangs. Dann, als zweiter Schritt, verwandelt sich dieses reizvolle Rot in einen dezenteren Ton. Das findet statt, wenn die Sonne schon untergegangen ist und die

Lampe des Alten leuchtet. «Der Schleier Liliens gab auch ein sanftes Licht von sich, das wie eine zarte Morgenröte ihre blassen Wangen und ihr weißes Gewand mit einer unendlichen Anmut färbten.» Und trotzdem, noch immer leuchtet dieses Licht wie von außen. Erst im Tempel, bei Tagesanbruch, erscheint das Inkarnat von innen her. In drei Schritten zieht das Rot von außen nach innen. Man darf es vielleicht so zusammenfassen: die Lilie ist zur Rose geworden.

In seinem «Faust» bringt Goethe die symbolische Bedeutung der Lilie im Osterspaziergang zum Ausdruck:

«Da ward ein roter Leu, ein kühner Freier, im lauen Bad der Lilie vermählt.»

Das ist ein Ausdruck aus der Alchemie, die Lilie bedeutet dort Merkur. In der theosophischen Weltanschauung bildet Merkur das Bild für die Weisheit und die Lilie jenen Bewusstseinszustand, in dem der Mensch sich befindet, wenn er das Höchste erreicht hat, sich selbst gefunden hat. Die Vermählung des Männlichen mit dem Weiblichen in der menschlichen Seele ist hier dargestellt. «Im lauen Bad» heißt im Sinne der Alchemie frei geworden von Begierden. Der zunächst in Selbstheit strebende Mensch wird in der Alchemie als Leu dargestellt, der sich, frei geworden von der Eigenheit, von Begierden und Leidenschaften, mit der Lilie vereinen darf. Alle höheren Wahrheiten stehen im Ätherglanz vor uns, wenn wir, frei geworden von stürmischen Begierden, von dem Leu der Begierden, abgekühlt im lauen Bad, uns ihnen nahen. Dann kann der Menschengeist die Lilie finden, das Ewig-Weibliche, das uns hinanzieht; er kann die Vereinigung haben mit den Wahrheiten der geistigen Welt.

Ein ergreifendes Bild ergibt sich beim Opfer der Schlange. Da sehen wir die Lilie wie ein Medium zwischen der Schlange und dem Jüngling. Ihre linke Hand berührt die Schlange; sie nimmt von ihr die Lebenskraft, was zum Tod der Schlange führt, und gibt diese Kraft durch ihre rechte Hand dem Jüngling weiter. Das Leben selbst fließt von der Schlange durch sie durch zum Jüngling. Sofort verschwindet die grüne Farbe der Schlange, tausende, funkelnde Edelsteine liegen im Gras. Die *Bildfarbe* wird zum Glanz der Steine in dem grünen Gras. Dieses besondere Ritual wird geleitet und begleitet vom Alten, dem sich die Lilie ohne Bedenken anvertraut hatte.

Der Jüngling

Der Jüngling ist ein lebendig wandelnder Schatten. Er, der Held der Geschichte, ist im Märchen die einzige Gestalt, von der uns Goethe eine Art von Biografie mitteilt. Der Jüngling war einmal ein weiser König, ausgestattet mit Krone, Zepter und Schwert. Nur sein alter, purpurfarbener Mantel erinnert noch daran. Auch war er ein ehrenvoller Krieger. Nun ist er nackt und bedürftig, denn die schönen blauen Augen der Lilie haben ihn gelähmt und ihm alle Kraft genommen.

Er hat kein Zuhause, wandert immer barfuß zwischen den Welten hin und her, seinen Habicht auf der Schulter tragend. Dieses ausweglose, ewige Hin- und Hergehen findet tragischerweise nur durch seinen Tod ein Ende. Es bedarf der Hilfe von außen, um seine Verwandlung herbeizuführen. Er verwandelt sich zum Schluss in den neuen König, nachdem er durch diesen (Schein-)Tod gegangen ist. Durch das Opfer der Schlange, die Berührung der Lilie und die Hilfe des Alten bekommt er das Leben zurück geschenkt. Dann kann seine Einweihung zum neuen König erfolgen. Wiederum in einem Dreischritt wird er zu diesem neuen Leben erweckt, zuerst werden die Glieder belebt, dann das Herz und zum Schluss das Haupt.

Seine neuen Attribute bekommt er von den einzelnen Königen geschenkt: das Schwert vom ehernen König, das Zepter vom silbernen König und die Krone vom goldenen König. Sie symbolisieren die Gewalt, den Schein und die Weisheit. Wiederum in einem Dreischritt wird er zu seinem neuen Leben erweckt. Zuerst werden die Glieder belebt, dann das Herz und zum Schluss das Haupt. Nun ist der neue König aufgefordert, die drei in sich harmonisch zu vereinen. So ist er das Gegenbild zum vierten König, in dem die drei Kräfte chaotisch durcheinander wirkten. In dieser Gestalt darf nun die Vermählung mit der Lilie folgen. Die vierte Kraft – die Kraft der Liebe – wird wirksam. Somit ist der Jüngling im wahren Sinne des Wortes jemand, der als trüber Gast auf Erden stirbt und wird. Und damit ist er auch zum Repräsentanten der strebenden Menschheit geworden.

Die Alte

Die Alte wohnt mit ihrem Mann und dem Mops in einer Hütte mit goldenen Wänden. Sie pflegt einen Garten, worin die uns bekannten Früchte der

Erde wachsen. Sie ist eine lustige, energische Dame, das merken wir an ihrer Beschreibung in der Begegnung mit den Irrlichtern. Wie aufgeregt sie ist! Es ist der Alte, der ihr Ruhe bringt und ihr sagt, was zu tun ist. Während der ganzen Geschichte ist sie vor allem auf sich selbst gerichtet, klagt ständig und braucht immer wieder ihren Mann, um sich zu beruhigen. Auffallend ist, dass also alle ihre wichtigen Handlungen im Auftrag ihres Ehemannes gemacht werden.

Die gespräcbige Alte könnte als eine Vertreterin der Verstandes- oder Gemütsseele gesehen werden. Das Allzumenschliche, ihre Eitelkeit, wird in ihrer Begegnung mit dem Fährmann deutlich. Als sie ihre Schuld nicht bezahlen kann, weil der Riese ein Drittel ihrer Früchte der Erde aus ihrem Korb genommen hat, muss sie ihre Hand in den Fluss stecken. Die Hand wird dadurch kleiner und schwarz. Aber, es verspricht ihr der Fährmann, dass dies nur scheinbar so ist und, wenn sie ihre Schuld abbezahlt habe, alles wieder gut wird. Auch versichert er, dass sie alles mit der Hand machen könne. Sie erwidert aber darauf, dass es ihr lieber gewesen wäre, sie könnte die Hand nicht benutzen, wenn sie nur schön geblieben wäre ...

Sie soll die Schuld der Irrlichter beim Fährmann abtragen, so hatte ihr Mann es ihr aufgetragen. Es sind dies die drei mal drei Erdenfrüchte, Zwiebel, Kohlhäupter und Artischocken. Was mögen diese wohl bedeuten?

Alle drei Gemüsesorten sind schalenförmige Erdenfrüchte, was so viel bedeutet wie Hüllen ohne Kern. Die Zwiebel wächst unter der Erde, ist eigentlich eine verdickte Wurzel. Die Kohlhäupter sehen wir auf der Erde wachsen, sie sind Blattwucherungen. Und die Artischocke wächst wie eine Blüte über der Erde. Auf dem Feld sieht sie aus wie eine Zwiebelblüte, ein Stängel mit Kopf. Wurzel, Blatt und Blüte – somit haben wir das Bild der ganzen Pflanze und auch die (umgekehrte) Menschengestalt.

«Der Mensch ist eine umgekehrte Pflanze; die Pflanze hat die Geschlechtswerkzeuge der Sonne zugekehrt, den Kopf nach unten. Beim Menschen ist es genau umgekehrt: er trägt den Kopf nach oben, den höheren Welten zugewandt, um den Geist aufzunehmen, die Geschlechtsorgane hat er nach unten gekehrt.» (GA 93, S. 164)

Nach dem Bad im Fluss, das sie wiederum im Auftrag des Alten widerwillig genommen hatte, erscheint sie verjüngt, denn der Fluss strömt nun von der Zukunft aus ...

Die vier Könige

Die vier Könige im unterirdischen Tempel sind alle aus Edelmetallen gebildet, aus Gold, Silber und Erz. Der vierte ist gemischt aus diesen drei Metallen. Sie werden uns durch die Augen der Schlange beschrieben:

Der goldene König ist als Bildsäule über der Menschengröße, der Gestalt nach aber eher ein kleiner als ein großer Mensch. Er hat einen wohlgebildeten Körper, der mit einem einfachen Mantel umgeben ist. Seine Haare werden von einem Eichenkranz zusammengehalten. Ob er sitzt oder steht, wird nicht gesagt, aber aus den weiteren Zusammenhängen ergibt sich, dass er wohl sitzt. Obwohl seine Gestalt aus lauterem Gold besteht und er in einer glänzenden Nische aufgestellt ist, ist seine Bekleidung eher bescheiden, karg. Auch seine Krone ist nicht aus edlem Gold, es ist ein einfacher Eichenkranz. Er ist der Erste, der spricht, und es entwickelt sich wie oben beschrieben der viel zitierte Dialog zwischen dem goldenen König und der Schlange, der von Gold, Licht und Gespräch handelt ...

Der silberne König sitzt. Er ist von langer, eher schmächtiger Gestalt. Er hat Krone, Zepter und Gürtel, und alle seine Utensilien sind mit Edelsteinen geschmückt. Im Vergleich zu dem goldenen König ist er schöner ausgestattet mit seinen vielen Verzierungen. Er wollte eben anfangen zu reden, als das Licht der Lampe in den Tempel hereinscheint, er kommt daher nicht zum Sprechen.

Schiller beschreibt dieses Nicht-Sprechen in einem der Kurzgedichte unter dem Titel Tabulae Votivae, das dem Kreis der Xenien (im Musenalmanach aus dem Jahr 1797) entstammt. Das Distichon ist betitelt mit «Sprache»:

> «Warum kann der lebendige Geist dem Geist nicht erscheinen?
> *Spricht* die Seele, so spricht ach! schon die *Seele* nicht mehr.»

Goethe lässt den silbernen König als Vertreter des Fühlens deswegen nicht zu Wort kommen. Der dritte, der eherne König sitzt ebenfalls, ist von mächtiger Gestalt, lehnt auf einer Keule und trägt einen Lorbeerkranz. Er wird von der Schlange nicht sofort wahrgenommen und spricht erst später, als der Alte mit der Lampe in den Tempel hineingetreten ist.

Der vierte, der gemischte König steht – zwar angelehnt an einer Säule, aber er steht. Seine ansehnliche Gestalt ist eher schwerfällig als schön.

Er spricht mit einer rauen, stotternden Stimme. Seine Gestalt ist zusammengesetzt aus den drei Metallen seiner Brüder und hat ein unangenehmes Ansehen, weil die goldenen und silbernen Adern unregelmäßig durch die eherne Masse hindurchlaufen. Es ergibt sich das Bild des Menschen, der von seinen Seelenkräften, die chaotisch durch ihn hindurchströmen, beherrscht wird.

Das Bild dieser vier Könige im unterirdischen Tempel kann einen merkwürdig anmuten. Sie leben immer in der Dunkelheit! Welches ist das Reich, worüber sie regieren? Und regieren sie alle vier, oder nur der Stehende, der Vierte? Sie können selber nichts tun. Es ist sehr wahrscheinlich das erste Mal, dass sie ins Gespräch gekommen sind, denn der Alte konnte ja mit seiner Lampe nicht alleine kommen. Er hätte sie alle vier, kraft seiner Lampe, vernichtet.

Dank des Lichtes der Schlange ist jetzt eine neue Perspektive für die Könige da.

Der Riese

Der Riese wohnt am Ufer in der Nähe der Bucht, wo er täglich badet. Seine Kraft liegt in seinem Schatten, darum ist er am Morgen und am Abend in der Dämmerung am stärksten. Dann wirft er seinen langen Schatten! Wir erfahren: ‹Sein Körper vermag nichts, aber sein Schatten viel› …

Abends in der Dämmerung kann man sich auf den Nacken seines Schattens setzen. Dann geht der Riese sachte auf das Ufer zu und der Schatten bringt einen so zur anderen Seite. Damit ist auch sofort klar, dass die Sonne im Westen steht und ihren langen Abendschatten zum anderen Ufer nach Osten wirft.

Im ganzen Märchen benutzt keine der Gestalten diesen Weg. Die Irrlichter lehnen ihn sogar von Anfang an ab.

Was heißt es wohl, in der Dämmerung über den Fluss zu gehen? Es ist das Gegenbild zur Stunde der Besonnenheit, der Mittagsstunde. Zu denken wäre an Spiritismus, Somnambulismus, oder sogar auch Drogen, wo man bei abgedämpftem Bewusstsein über die Schwelle zu gehen vermag. Dies wäre der Weg über den Schatten des Riesen. Im Märchen verursacht der Riese des Öfteren Chaos. So frisst er zum Beispiel drei der neun Feldfrüchte der Alten, es ist der Schatten, der sie aus ihrem Korb nimmt.

Am Ende des Märchens scheint er nochmals Chaos zu bringen. Er will wie gewohnt nach seinem Morgenschlaf sein Bad in der Bucht nehmen, als er statt der vertrauten Bucht die Brücke bemerkt. Als er darüber in Richtung Tempel trampelt, verursacht sein Schatten wiederum Schaden; die Sonne scheint ihm in die Augen, er reibt sie mit seinen gewaltigen Fäusten und in dem Moment werden die Menschen durch den Schatten, der nach hinten fällt, fast in den Fluss geschleudert. Der neue König schaut zuerst besinnlich auf sein Zepter, dann auf die Lampe und auf das silberne Ruder. Er überlegt sich, wie der Riese zu bekämpfen sei. Der Alte beruhigt ihn aber – es werde das letzte Mal sein, dass der Schatten des Riesen Chaos verursache. Und glücklicherweise ist der Schatten von der am Altar stehenden Gruppe abgewandt. Der Riese kommt zur Ruhe und wird zur Sonnenuhr. Die zwölf Bilder des Tierkreises erscheinen auf dem Boden, der Schatten zeigt uns von nun an die Zeit. So wird sein Schatten in den Dienst der kosmischen Verhältnisse gebracht.

Zum Schluss werfen wir noch einen Blick auf die verschiedenen Tiere: den Mops, den Habicht und den Kanarienvogel. Die Tiere sind jeweils einer oder mehreren von den anderen Gestalten zugehörig.

Der Mops

Der Mops gehört zu dem alten Ehepaar. Leider muss er sterben, weil er einige von den abgeschüttelten Goldstücken der Irrlichter gefressen hat. Durch das Licht der Lampe des Alten verwandelt er sich später in einen wunderschönen braun-schwarzen Onyx.

Der Onyx ist ein besonders starker Stein zur Steigerung des Selbstbewusstseins und der Widerstandskraft. Somit schenkt der Onyx seinem Träger mehr Lebensfreude und hilft seinem Leben mehr Stabilität zu geben.

Bemerkenswert ist, dass dieser Onyx kein Gewicht zu haben scheint. Wenn die Alte sich auf den Weg begibt, spürt sie nur das Gewicht der Feldfrüchte, der Onyx schwebt aber über ihrem Korb.

Durch die Berührung der Lilie bekommt der Onyx-Mops dann wieder seine Mops-Gestalt zurück. Er bleibt aber durchsichtig und kalt, es fließt kein Blut in seinem Tierleib. Er spielt nichtsdestotrotz voller Freude mit der Schönen; dies zum größten Ärger des gerade angekommenen Jünglings. Dieser Mops, dieser hässliche Hund, darf sie sogar küssen! Das geht dem Jüngling zu weit und er stürzt sich selber auf die Lilie – und verliert dabei sein Leben.

Der Kanarienvogel

Zur Lilie gehört der Kanarienvogel. Dieser kleine Spielgefährte wurde getötet, als er aus Angst vor dem Habicht des Jünglings an ihre Brust flog. Der kleine Sänger brachte der Lilie Trost in ihrer Einsamkeit. Aber ach, auch dieser kleine Sänger ist ein Bild der Lilie selbst, der schön Singende, aber in einem Käfig Gefangene.

Der Habicht

Der Habicht gehört zum Jüngling und bildet den Gegenpol zum kleinen Kanarienvogel. Als Raubvogel ist er zuhause im Licht, in den Lüften, bedarf keines Käfigs. Zuerst wird dieser Vogel von der Lilie beschimpft: er hat den Kanarienvogel aufgeschreckt, der dadurch an der Brust Liliens sterben musste. Der Habicht hat aber an drei unterschiedlichen Momenten eine wichtige Aufgabe zu erfüllen. Alle diese Momente stehen im Zusammenhang mit dem Stand der Sonne. Das erste Mal fängt der Habicht das letzte Licht vor Sonnenuntergang mit seiner Brust auf, dies, um den Jüngling vor dem Verderben seines Körpers zu behüten. Sein Gefieder bekommt einen purpurroten Glanz. Das zweite Mal weckt er beim ersten Sonnenlicht des neuen Tages die schlafenden Mädchen auf, mit einem Spiegel. Das macht er im Auftrag des Alten. Das dritte Mal schwebt er über dem neuen Tempel und wirft, wiederum mit dem Spiegel, das Sonnenlicht über die am Altar stehende Gruppe. Nun verbreitet sich ein himmlisches Licht und das Volk fällt in Andacht auf sein Angesicht.

Wir finden wieder einen Dreischritt: Von der Vergangenheit – im letzten Abendlicht – über die Zukunft – beim Sonnenaufgang – schlussendlich zu einem Ewigkeitslicht, das im Augenblick spürbar wird, ein Überzeitliches.

Der Tag ist dann schon vollends angebrochen …

3. Die Zeit

Immer ist es die Sonne, die uns vermittelt, wo wir uns in der Zeit befinden. Wir können uns auch in den Raumesrichtungen orientieren, weil uns Goethe erzählt, wo die Sonne steht und wie der Schatten fällt. Einmal nennt er sogar die Himmelsrichtungen Ost und West, nämlich dort, wo der Alte und die Schlange den unterirdischen Tempel verlassen. Beide eilen dann durch die Gänge des Tempels, der Alte nach Westen, die Schlange nach Osten. Der Alte geht nach Hause, zu seiner am Berg erbauten Hütte. Die Schlange bewegt sich gegen Osten, in die Richtung des Flusses, wo sie zwischen den Felsritzen zuhause ist und später, zur Mittagsstunde, ihren Bogen über den Fluss bilden wird. Ein besonderes Bild: die Sonne macht ihren Bogen von Ost nach West, die Schlange schlägt ihren Bogen in entgegengesetzte Richtung von Westen nach Osten.

Durch die von der Schlange vermittelten Beschreibungen über den Riesen wissen wir, dass der Garten der Lilie am Ostufer liegt und die Bucht des Riesen am Westufer.

Wenn man alle Angaben über die Wege der Gestalten zusammenträgt, kann eine innere «Landkarte» des Märchens entstehen. Mehr noch gibt uns der Stand der Sonne Aufschluss über den Verlauf der Zeit. Ob Nacht, Mittag, Sonnenauf- oder -untergang ist, immer zeigt es uns die Sonne.

Aber auch im Fluss haben wir ein Abbild von der dahinströmenden Zeit vor uns, den lebendigen Strom zwischen Vergangenheit und Zukunft. Es sind zwei Welten, die er trennt und verbindet.

Die Polarität Geistwelt–Sinneswelt finden wir in der Lilie und der Schlange wieder. Das kann auch der Grund dafür sein, dass Rudolf Steiner gerne den Titel «… von der grünen Schlange und der schönen Lilie» benutzte.

Abstrahiert können wir den Fluss mit dem Zeitenkreuz, das von Rudolf Steiner gegeben wurde, in Verbindung bringen, das hier unten abgebildet ist. Das Obere, das Geistige, ist in unserem Märchen die Welt der schönen Lilie, das Untere, das Physische, ist das Zuhause der Schlange. Auch der unterirdische Tempel und die Hütte des Alten befinden sich in diesem «Diesseits». Dazwischen strömt die Zeit, der Fluss.

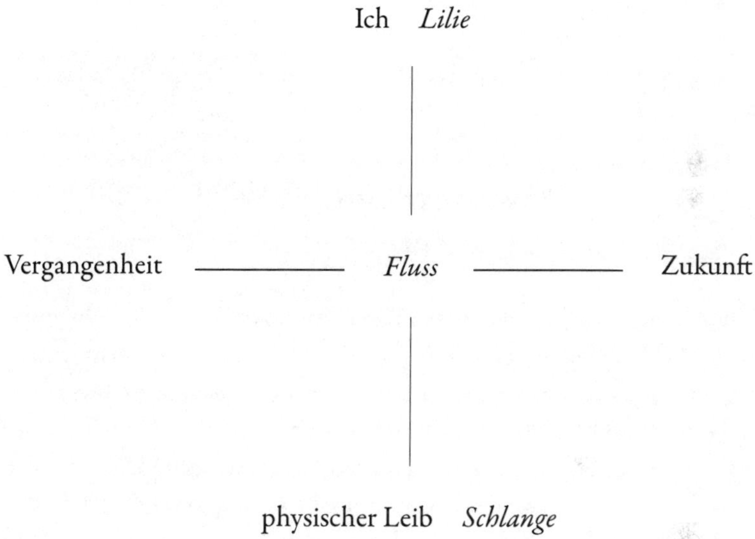

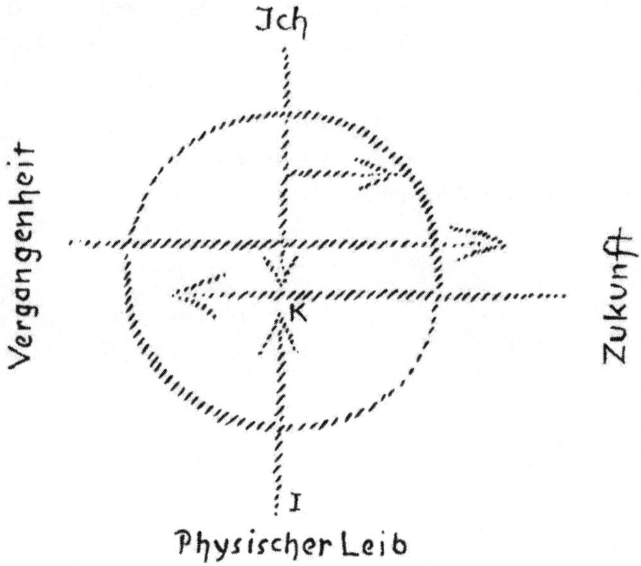

«... in diesem Kreuz, das von einem Kreis durchzogen ist, ein sehr gutes Schema des Seelenlebens gegeben ist, wie es angrenzt an das Geistige nach oben, an das Physische nach unten, an das Ätherische nach links und an das Astralische nach rechts. Nur müssen Sie sich dabei zu der Vorstellung aufschwingen, dass der Strom der Zeit nicht nur ein etwas ruhig Dahinfließendes ist, sondern dass ihr etwas entgegenkommt, dass aber das Ich-Leben und das Sinnesleben nur begriffen werden können, wenn sie wieder im rechten Winkel auf die Zeitströmung auftreffend verstanden werden. Wenn Sie dies ins Auge fassen, werden Sie wohl verstehen, dass in unserer Seele wirklich recht verschiedene Kräfte sich treffen. Unsere Seele ist gewissermaßen der Schauplatz, auf dem sich Kräfte treffen der verschiedensten Richtungen.» (GA 115, Vortrag vom 4. November 1910)

Diese «Zeitkarte» kann hilfreich sein, das Kräftespiel im Märchen wahrzunehmen und zu durchdringen.

Zwei Welten stehen also einander gegenüber. Die Lilie in ihrem paradiesischen Garten vertritt das Land des Geistes, die Schlange in den Felsklüften das Physische, die irdische Welt. Der Fluss strömt dazwischen, als Vertreter der Zeit, der von der Vergangenheit in die Gegenwart und von der Zukunft in die Gegenwart gleichermaßen strömt.

Der Strom ist also ein Bild für die dahinfließende Zeit, aber schauen wir uns noch an, wie Goethe weiterhin das Zeitliche gestaltet.

Goethe ist in seinen «Zeitangaben» exakt, nicht im Sinn von Stunden einer Uhr, aber immer abgelesen an der Sonne. Wir bewegen uns im Sechs-Stunden-Takt hin und her über den Fluss, in wechselnder Gesellschaft. Wann genau, wie oft und mit wem überqueren wir jeweils den Fluss?

Wir gehen in dem ganzen Märchen kein einziges Mal mit dem Schatten des Riesen über den Fluss, obwohl es zu den Möglichkeiten gehört.

Unsere Geschichte beginnt um *Mitternacht,* es ist das erste Mal, dass wir den Fluss überqueren, mit dem aus dem Schlaf geweckten Fährmann. Die Fahrgäste sind die beiden Irrlichter.

Zur *Mittagsstunde* gehen wir mit der Alten und dem Jüngling zurück, diesmal über die Schlangenbrücke. Es sind also schon zwölf Stunden vergangen, bevor wir dem Helden des Dramas begegnen ... Und dahinter, unbemerkt von der Alten und vom Jüngling – inkognito – wiederum die beiden Irrlichter. Wir haben kurz vorher, durch die Augen der Alten, den Jüngling mit dem Fährmann kommen sehen. Es ist seine traurige, tägliche Fahrt, immer wieder hin und zurück, hin und zurück ... Es sei noch erwähnt, dass wir nicht sehen, dass er den Fährmann für die Überfahrt bezahlen muss.

Wiederum zur *Mitternacht* gehen wir mit der ganzen Gemeinschaft, bestehend aus Lilie, Jüngling, dem Alten, der Alten und den beiden Irrlichtern, über die nächtliche Schlangenbrücke. Nur die schlafenden Mädchen bleiben zurück. Und noch kurz vor Mitternacht haben wir den Alten kommen sehen, wie er schreitend über das Wasser kam ...

Bei *Tagesanbruch* haben wir uns zum vierten Mal zum anderen Ufer fortbewegt, diesmal nicht über den Fluss, sondern unter dem Wasser hindurch, mit dem Tempel als Fahrzeug. Wir sind zum Anfang zurückgekehrt, der Tempel steigt genau da auf, wo die Geschichte begann, an dem Ufer, wo die Hütte des Fährmanns gestanden war. Die Gemeinschaft hat sich erweitert um die Könige und den Fährmann.

Am Ende des Märchens gibt es ein reges *Hin und Her* über die neu erstandene dauernde Brücke, von nun an auf ewig … Der Tag war nun vollends angebrochen.

Wir zählen also viermal ein Hin und Her über den Fluss, mit einer zunehmenden Zahl von Gestalten, zuerst zwei Reisende (die beiden Irrlichter), dann vier (mit der Alten und dem Jüngling), sechs (mit dem Alten und der Lilie), zehn (mit den vier Königen) und zum Schluss sind es deren vierzehn (mit dem Fährmann und den drei Dienerinnen Liliens). Draußen treffen wir auf die verwandelte Schlange als Brücke und den verwandelten Riesen als Sonnenuhr. Der Habicht fliegt hoch über den Dom. Wir wissen nicht, wo der wiederbelebte Mops und der Kanarienvogel geblieben sind … Und auf der Brücke wimmelt es von Wanderern, wir können sie nicht mehr alle zählen. Die Brücke ist nun für die ganze Menschheit erbaut worden.

4. Das vierte Geheimnis

Der goldene König sagt zum Mann mit der Lampe: «Wie viele Geheimnisse weißt du?» – «Drei», versetzte der Alte. – «Welches ist das wichtigste?», fragte der silberne König. – «Das offenbare», versetzte der Alte. – «Willst du es auch uns eröffnen?», fragte der eherne. – «Sobald ich das vierte weiß», sagte der Alte. – «Was kümmert's mich!», murmelte der zusammengesetzte König vor sich hin. «Ich weiß das vierte», sagte die Schlange, näherte sich dem Alten und zischte ihm etwas ins Ohr.

Der Alte kennt die Geheimnisse des Gesteins, der Pflanzen, der Tiere. Es zeigt sich dies an den Verwandlungskräften seiner Lampe, die in diese drei Reiche eindringen können, aber nicht in das des Menschen. Da sind wir selbst berufen zur Verwandlung. Es ist die Liebe, die wir zu entwickeln haben. Der Alte muss auf die Entscheidung der Schlange warten. Wird sie sich opfern?

Am Ende des Märchens hören wir: «Die Liebe herrscht nicht, aber sie bildet», dies erwidert der Alte dem neuen König. Und gleich darauf: «Gedenke der Schlange in Ehren, du bist ihr das Leben, deine Völker sind ihr die Brücke schuldig, wodurch diese nachbarlichen Ufer erst zu Ländern belebt und verbunden werden.» Die Liebe ist die Brücke, sie bildet die Brücke. Rudolf Steiner gibt uns nähere Auskunft über das vierte Geheimnis:

«Man muss annehmen, dass der Alte den Inhalt dieses Geheimnisses kennt; denn er ist ja die einzige Person, die immer über den Verhältnissen steht, diejenige, von deren Lenkung und Leitung alles abhängt. Was also kann die Schlange dem Alten sagen? Er weiß, dass sie sich aufopfern muss, wenn der ersehnte Endzustand herbeigeführt werden soll. Aber dieses sein Wissen ist nicht entscheidend. Er muss mit diesem Wissen warten, bis die Schlange aus den Tiefen ihres Wesens heraus zu dem Entschlusse der Aufopferung sich reif findet. Im Umfange des menschlichen Seelenlebens gibt es eine Kraft, von welcher die Entwicklung der Seele getragen wird zu dem Zustande der freien Persönlichkeit. Diese Kraft hat ihre Aufgabe auf dem Wege zu diesem Zustand. Wäre dieser erreicht, so verlöre sie ihre Bedeutung. Sie bringt die Menschenseele mit den Lebenserfahrungen in Zusammenhang. Sie verwandelt, was Wissenschaft und Leben offenbaren, in innere Lebensweisheit. Sie macht die Seele immer reifer für das ersehnte Geistesziel. An diesem verliert sie ihre Bedeutung, denn sie stellt das Verhältnis des Menschen zur Außenwelt her. Am Ziele aber sind alle äußeren Impulse in innere Seelenantriebe verwandelt. Da muss diese Kraft sich aufopfern; sie muss ihre Wirksamkeit einstellen; sie muss als das übrige Seelenleben durchsetzendes Ferment ohne Eigenleben im verwandelten Menschen weiter bestehen. Goethes Geistesauge war insbesondere auf diese Kraft im Menschenleben hingerichtet. Er sah sie wirksam in den Erfahrungen des Lebens und in denjenigen der Wissenschaft. Er wollte sie da angewendet wissen, ohne dass man sich durch vorgefasste Meinungen oder Theorien ein abstraktes Ziel setzt. Dieses Ziel muss sich erst aus den Erfahrungen heraus ergeben. Wenn diese ausgereift sein werden, sollen sie das Ziel aus sich gebären. Sie sollen nicht durch ein voraus bestimmtes Ende verstümmelt werden. Diese Seelenkraft ist in der grünen Schlange verkörpert. Sie nimmt das Gold auf, die Weisheit, die aus den Erfahrungen des Lebens und der Wissenschaft stammt, und die von der Seele angeeignet werden muss, sodass Weisheit und Seele eins werden. Diese Seelenkraft wird sich zur rechten Zeit opfern; sie wird den Menschen an sein Ziel, die freie Persönlichkeit, bringen.

Dass sie sich opfern will, sagt die Schlange dem Alten ins Ohr. Sie vertraut ihm damit ein Geheimnis an, das ihm offenbar ist, das ihm aber trotzdem wertlos ist, so lange es sich nicht durch den freien Entschluss der Schlange verwirklicht. Wenn die gekennzeichnete Seelenkraft in dem Menschen so spricht wie die Schlange zu dem Alten, dann ist es für die Seele ‹an der Zeit›, die Lebenserfahrung als Lebensweisheit zu erleben, die ein harmonisches Verhältnis vom Sinnlichen zum Übersinnlichen herstellt.»

Thornton Wilder greift am Ende seines ausgezeichneten Romans «Die Brücke von San Luis Rey», wo er der Frage nach dem Karma einer Menschengruppe nachgeht, das Brückenmotiv gleichermaßen auf:

«There is a land of the living and a land of the dead, and the bridge is love, the only survival, the only meaning.»

«Da ist ein Land der Lebenden und ein Land der Toten, und die Brücke zwischen ihnen ist die Liebe – das einzig Bleibende, der einzige Sinn.»

Unser Auftrag auf Erden ist es, die Liebe zu entwickeln. Damit sind wir Menschen auf dem Weg zur Bildung der 10. Hierarchie. Darauf deutet das vierte Geheimnis hin. Dieses Motiv wird uns weiter beschäftigen, wenn wir die vierte Strophe der Worte der Grundsteinlegung betrachten.

5. Das Licht und seine Wirkung

«Mehr Licht ...», das waren Goethes letzte Worte. Seine revolutionäre Farbenlehre gründet auf einem tiefen Verständnis des Wesens des Lichts, aber immer in Beziehung zur Dunkelheit. Das ganze Märchen könnte als eine große Ode an das Licht gesehen werden, an das Sonnenlicht wie auch an das innere Licht, das Bewusstseinslicht.

Wie reich ist es an Beschreibungen der mannigfaltigsten Lichtqualitäten! Es ist durchzogen von den verschiedensten Lichterscheinungen: das Licht glänzt, strahlt, erhellt, leuchtet, erleuchtet, erquickt, vergoldet, es ist glänzend, leuchtend, herrlich, sanft, herrlichst, lebhaft, blinkend, erquicklichst, schön, hell, mild, angenehm, sonderbar, schimmernd ... und ganz zum Schluss ist es von einem himmlischen Glanze.

Obwohl die Gestalten im Märchen von Goethe als eine bunte Gemeinschaft beschrieben werden, sind die explizit genannten Farben sparsam in der Zahl zu nennen. Trotzdem können wir an der Gegenüberstellung der Farben und Lichtqualitäten von Schlange und Lilie eine besondere Entdeckung machen.

Zunächst einmal können wir erkennen, dass Farben im Zusammenspiel von Licht und Dunkelheit entstehen. Abgelesen hat Goethe diese sogenannten Urphänomene an der Morgen- und Abenddämmerung. Wenn die Sonne untergeht, muss das Licht durch immer dichter werdende Schichten der Luft dringen, es ergeben sich die warmen Farben Gelb, Orange und Rot. Am Tag ist es umgekehrt, das Himmelsblau entsteht, während wir ins dunkle Firmament schauen und die Luftschichten dazwischen das Licht einfangen. Wir schauen also durch Licht in die Dunkelheit und die kalten Farben erscheinen. Oder das Licht scheint durch Trübe oder Dunkelheit hindurchleuchtend. Da haben wir die Farben als Taten und Leiden des Lichtes.

Rudolf Steiner knüpft an den Errungenschaften Goethes an. Er unterscheidet dabei die Bild- und Glanzfarben. Zu den Bildfarben gehören Grün, Pfirsichblüt oder Inkarnat, Weiß und Schwarz. Im Grün haben wir «das tote Bild des Lebens» vor uns. Trägt die Pflanzenwelt das Grün, so ist es ein Abbild des Lebens, nicht das Wesen der Pflanze, und nicht das Leben selbst.

Die Lilie ist weiß, wiederum eine Bildfarbe. Das Weiß ist nah am Licht. Licht selber können wir ja nicht wahrnehmen, es bedarf immer einer Oberfläche, denn es muss zurückgeworfen werden. Im Licht kommen wir zu uns selbst, zu unserem Ich. So kommt Rudolf Steiner dazu zu sagen: «das Weiß oder Licht stellt dar das seelische Bild des Geistes». Die Lilie macht, wie wir schon gesehen haben, den Weg über das Rot (den feuerfarbenen Schleier) zum Pfirsichblüt, zum Inkarnat durch. Diese Hautfarbe macht sie erst menschlich. Was im Inkarnat durch die Haut nach außen strahlt, das ist die menschliche Seele. So ist diese Farbe, wiederum mit den Worten von Rudolf Steiner, «das lebendige Bild der Seele». (GA 291, Vortrag vom 6. Mai 1921)

«Farblich» sehen wir die Schlange und die Lilie sich in einander gegenüberstehende Richtungen (polar) verwandeln. Ist die Schlange anfänglich irdisch, naturverbunden mit ihrer grünen Farbe, mit dem Bild des Lebendigen, so vergeistigt sie sich immer mehr, um sich schlussendlich zu opfern, zu sterben.

Die weiße Lilie, rein-geistig, wird Mensch, es strömt nun Blut in ihren Adern, sie inkarniert mit dem schönen unvergänglichen Rot (Inkarnat) auf ihren Wangen.

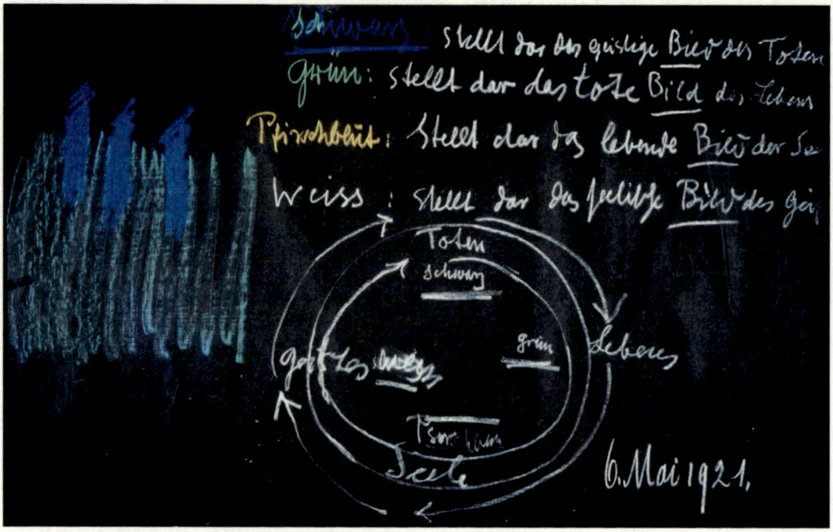

Wandtafelzeichnung Rudolf Steiners vom 6. Mai 1921 zu den «Bildfarben»

Was man in der oben abgedruckten Wandtafelzeichnung zum Vortrag über die Bildfarben so schön sehen kann, ist die Bewegung durch den Kreis: die Substantive Tod, Leben, Seele und Geist werden in der Kreisbewegung zu Adjektiven; das tote (Bild), das lebendige, das seelische und das geistige. Die Schlange kommt aus dem Dunkel und erscheint uns zuerst als grün: das tote Bild des Lebens. In ihrer Verwandlungsreihe steigt sie immer mehr auf zum Licht – in dieser Kreisbewegung aufsteigend. Die Verwandlung der Lilie geht in die entgegengesetzte Richtung. Das Weiß der Lilie als seelisches Bild des Geistes steigert sich im Pfirsichblüt auf ihrem Inkarnationsweg zum lebendigen Bild der Seele.

In den Bildfarben, wie uns der Name schon verrät, wird etwas abgebildet. Man könnte sagen, sie sind Schattenwerfer eines Leuchtenden und wir bekommen davon ein Bild zu sehen.

Nun noch zum Schwarz, um die Reihe zu vervollständigen. Da fehlt uns jeder Hauch des Lichts. Es ist «das geistige Bild des Toten», und damit ist der Kreis der Bildfarben geschlossen. Die schwarze Hand der Alten ist davon ein gutes Beispiel. Ist sie zwar nur scheinbar klein und schwarz geworden ... Für die Alte ist es aber eine Mahnung, ihre Schuld am Fährmann abzutragen.

Kommen wir zum Spiegel, denn das damit zurückgeworfene Licht spielt eine bedeutsame Rolle in der Entfaltung der Geschichte. Er taucht zuerst im Moment der größten Katastrophe auf, der Jüngling hat sich gerade in den Tod gestürzt, Lilie ist ebenfalls wie tot, sie schaut sich nicht einmal nach Hilfe um, weil sie keine kennt. Eine der Dienerinnen bringt nun diesen hellen, runden Spiegel. Warum sollte die Schöne in diesem Moment tiefer Trauer sich selbst anschauen? Kommt sie zu einer neuen Art von Selbsterkenntnis? Ist dieses zurückgeworfene Bild ihres Selbstes der Anlass, in Bewegung zu kommen? Und tatsächlich folgen nun rasch aufeinander Ereignisse, die ihr Schicksal auf dem Weg zur Menschwerdung beschleunigen.

Der Spiegel tritt noch zweimal in Erscheinung, mit dem fliegenden Habicht. Er fängt damit das erste Sonnenlicht auf, um die Dienerinnen Liliens zu wecken. Nun sind auch diese für reif befunden, um in den Tempel hineinzugehen. Die großen Ereignisse der Nacht haben sie verschlafen. Das Schlussbild der Gemeinschaft im neuen Tempel wird vom Habicht wieder mit dem Spiegel beleuchtet, diesmal wirft das Licht einen himmlischen Glanz über die Gruppe und den Tempel. Aufweckend, erwachend ist dieses zurückgeworfene Licht des Spiegels.

6. Rudolf Steiner über das Märchen

Die Zeit, in der Rudolf Steiner sich intensiv mit dem Märchen beschäftigte, war die, in der er auch an seinem Buch «Die Philosophie der Freiheit» arbeitete. In «Mein Lebensgang» beschreibt er, wie Goethe durch die innere Macht eines halb unbewussten Seelenlebens getrieben über sich selbst und seine Weltanschauung hinausgewachsen sei. Man sei mit einem Erleben dieser Goethe'schen Schöpfung im Vorhof der Esoterik.

Rudolf Steiner hat sich immer wieder mit dem Märchen beschäftigt. Im Jahr 1899, zum 150. Geburtstag Goethes, schrieb er im «Magazin für Litteratur» einen Aufsatz mit dem Titel «Goethes geheime Offenbarung». Entstanden war dieser Aufsatz aus dem Willen, das Esoterische, das in ihm lebte, in die Öffentlichkeit zu bringen. Der Inhalt war allerdings noch wenig esoterisch. Er konnte seinem Publikum damals noch nicht mehr zumuten. Als Rudolf Steiner ein Jahr später, 1900, in Berlin einen Vortrag mit demselben Titel hielt, war das sein zweiter Vortrag und der erste Vortrag überhaupt mit einem selbstgewählten Titel. Er konnte dann ganz esoterisch sprechen.

Maria Ita Wegman war, weitere fünf Jahre später, im Februar 1905, bei einem Vortrag über das Märchen im Architektenhaus in Berlin anwesend. Nach dem Vortrag fragte sie ihn, ob es möglich wäre, mehr von diesen Inhalten zu erfahren. Sie stellte die Frage nach der Esoterik, und daraufhin lud Rudolf Steiner sie ein, an seinen esoterischen Stunden teilzunehmen. Sie kannte ihn bereits seit 1902, denn es war zu der Zeit in Berlin bereits zu einer ersten Begegnung gekommen, als Rudolf Steiner Generalsekretär der Theosophischen Gesellschaft war. 1905 in Berlin aber hörte sie ihn zum ersten Mal sprechen, und der Inhalt des Vortrages war das Märchen. Ab diesem Moment wurde er zu ihrem Lehrer.

Den Zusammenhang des Märchens mit dem Schicksal der Anthroposophie und dem kosmischen Geschehen der Michael-Schule führt uns Rudolf Steiner im Vortrag vom 28. Juni 1924 vor Augen. Diese Michael-Schule war im Übersinnlichen vom 15. bis 18. Jahrhundert wirksam. Michael und seine Scharen versammelten noch nicht verkörperte Menschen um sich, als Vorbereitung auf Michaels neue Regentschaft als Erzengel ab dem letzten Drittel des 19. Jahrhunderts auf Erden. Die kosmische Intelligenz war ihm entfallen und als menschliche Intelligenz nur noch auf der Erde wirksam. Michael stellte nun sein Wirken ganz in den Dienst der Christus-Wesenheit. Sein starker Opponent bei diesem Dienst ist Ahriman. Vor seinen «Lehrlingen» entwickelte Michael die großen kosmischen Imaginationen, die Zukunft vorbereitend. Auf einen wichtigen Aspekt möchte ich mit den Worten von Rudolf Steiner selbst näher eingehen: die gewaltige Verwandlung im Menschen vom Herzens-Menschen zum Kopf-Menschen im Zusammenhang mit der kosmischen Intelligenz.

«Das war, dass die Seraphim, Cherubim und Throne die kosmische Intelligenz überleiteten in dasjenige Glied der menschlichen Organisation, das die Nerven-Sinnesorganisation ist, die Kopforganisation.

Es war wieder ein Ereignis geschehen, welches sich heute noch nicht deutlich zeigt, erst im Laufe von Jahrhunderten und Jahrtausenden sich zeigen wird, und darin besteht, dass der Mensch völlig umgestaltet wird. Der Mensch war vorher ein Herzensmensch. Der Mensch ist nachher ein Kopfmensch geworden. Die Intelligenz wird seine eigene Intelligenz. Das ist, vom Übersinnlichen aus gesehen, etwas ungeheuer Bedeutsames. Alles das wird da gesehen, was an Macht und Kraft im Bereich der ersten Hierarchie liegt, im Bereich der Seraphim und Cherubim, die dadurch ihre Macht und Kraft äußern und offenbaren, dass sie das Geistige nicht nur im Geistigen verwalten, wie die Dynamis, die Exusiai, die Kyriotetes, sondern das Geistige hineintragen in das Physische, das Geistige zum Schöpferischen des Physischen machen. Diese Seraphim, Cherubim und Throne, sie hatten Taten zu vollbringen, die, wie gesagt, nach Äonen nur sich wiederholen. Und man möchte sagen: was von Michael den Seinigen in der damaligen Zeit gelebt worden ist, das wurde unter Blitzen und Donnern da unten in den irdischen Welten verkündet. Verstanden sollte das werden, denn diese Blitze und Donner, meine lieben Freunde, sollten Begeisterung werden in den Herzen, in den Gemütern der Anthroposophen!» (GA 237, Vortrag vom 28. Juli 1924)

Das Bild des goldenen Königs taucht auf. Und vorausgreifend auf das nächste Kapitel dieses Buches: dieser wird die Leitung der Schicksalsgemeinschaft auf sich nehmen, als der Geisteslehrer Benedictus. Er übernimmt die Führung des Herzensmenschen, vertreten durch den Alten mit der Lampe, der in den Mysteriendramen als Felix Balde weiterlebt.

Rudolf Steiner ruft uns auf, ruft diejenigen, die mit der Anthroposophie verbunden sind, auf, bewusst teilzunehmen am Kampf zwischen Michael und Ahriman. Stammen doch die Impulse, sich mit der Anthroposophie zu verbinden, aus den Erlebnissen der Michael-Schule.

«Und über dem irdischen Leben ging aus alledem dann auch dasjenige hervor, was dann im Beginne des 19. Jahrhunderts zu einer großen, umfassenden Veranstaltung in der geistigen Welt führte, wo sich das, was später auf der Erde Anthroposophie werden sollte, in mächtigen Imaginationen abspielte. In der ersten Hälfte des 19. Jahrhunderts, schon ein wenig am Ende des 18., waren alle die, welche Platoniker waren unter der Führung der Lehrer von Chartres, die ja jetzt zwischen dem Tode und einer neuen Geburt waren, und auch die, welche den Aristotelismus in Europa begründet haben und mittlerweile auch längst durch die Pforte des Todes gegangen waren, in himmlischen Regionen vereinigt, um einen überirdischen Kultus zu vollziehen, in welchem in mächtigen realen Imaginationen das hineingestellt wurde, was im neuen Christentum im 20. Jahrhundert auf spirituelle Art wieder begründet werden soll, nachdem das neue Michael-Zeitalter im letzten Drittel des 19. Jahrhunderts begonnen hat.

Davon sickerte so manches durch. Oben in der geistigen Welt spielte sich ab in mächtigen kosmischen Imaginationen die Vorbereitung für jene intelligente, aber durchaus spirituelle Erschaffung, die dann als Anthroposophie erscheinen sollte. Was da durchsickerte: auf Goethe machte es einen bestimmten Eindruck. Ich möchte sagen, es kam in Miniaturbildern bei ihm durch. Die großen, gewaltigen Bilder, die sich da oben abspielten, kannte Goethe nicht; er verarbeitete diese Miniaturbildchen in seinem ‹Märchen von der grünen Schlange und der schönen Lilie›. Eine wunderbare Erscheinung!» (GA 240, Vortrag vom 19. Juli 1924, S. 140)

Im Vortrag vom 8. Juli 1924 spricht Rudolf Steiner sogar von Schleusen, die sich öffneten:

«Es gibt eine Persönlichkeit, die war einmal in einer ganz besonderen Lage. Durch einen Freund wurde die große Rätselfrage des menschlichen Erdendaseins aufgeworfen. Aber dieser Freund war etwas verstrickt in das Kantsche Denken, und so kam die Sache in einer abstrakt-philosophischen Weise heraus. Der andere konnte sich nicht hineinfinden in das ‹kantige› Kantsche Denken, und alles rührte in seiner Seele diese Frage auf: Wie hängt Vernunft und Sinnlichkeit im Menschen zusammen? Da öffneten sich gewissermaßen nicht Tore, aber Schleusen, die für einen Moment hereinleuchten ließen in diese Seele jene Regionen der Welt, in der sich abspielten jene gewaltigen Imaginationen. Und da kam das, was so, nicht durch Tore, nicht durch Fenster, aber durch Schleusen hereinkam, in, ich möchte sagen, Miniaturbilder übersetzt, heraus als das ‹Märchen von der grünen

Schlange und der schönen Lilie›. Denn die Persönlichkeit, die ich meine, ist Goethe.» (GA 240, Vortrag vom 8. Juli 1924)

Dieses kosmische Ereignis wurde von Goethe geahnt und in Miniaturbilder gefasst. Die Bezeichnung Miniaturbilder könnte den Eindruck erwecken, dass wir es wohl kaum mit einem großen Werk zu tun haben. Aber andererseits können wir auch sagen: die Miniaturbilder sind klein – um die ganze Welt darinnen zu finden, müssen wir ganz genau hinschauen!

Trostreich dabei ist wohl, dass uns Goethe sagt, dass die Lösungen aller Rätsel des Märchens im Märchen selbst zu finden sind …

7. «Es ist an der Zeit!»

Dreimal soll das Motiv erklingen, bevor die Weissagung in Erfüllung geht. Die schöne Lilie scheint dies zu wissen, wenn sie ausruft:

«Höre ich doch […] die glücklichen Worte schon heute zum zweiten Mal, wann soll der Tag kommen, an dem ich sie dreimal höre?»

Das erste Mal hören wir die Worte vom Alten im Tempel, das zweite Mal die Wiederholung seiner Worte durch die Alte, für die Lilie das erste Mal. Das dritte Mal spricht es die Schlange aus, auch sie hatte es im Tempel gehört.

Dann zum Schluss, für alle vernehmbar, ist es wiederum der Alte im Tempel, kurz bevor der Boden unter ihnen anfängt zu schwanken und der Tempel die Fahrt unter dem Fluss beginnt.

Am Ende des Märchens stehen wir wieder am selben Ort wie am Anfang. Alle Figuren sind verwandelt, der neue Tempel steht da und eine dauernde Brücke ist erbaut. Aus der Zukunft kommen uns Verjüngungskräfte entgegen, der Fluss ist zeitweilig ein Verjüngungsstrom geworden. Alles Alte kann, muss neu gestaltet werden. Keine Ehe ist gültig, wenn sie nicht von Neuem geschlossen wird.

Es bleibt die schon aufgeworfene Frage: wo steht jetzt die Sonne? Der Tag ist bereits völlig angebrochen.

In diesen letzten Stunden des Märchens vollziehen sich die mannigfaltigsten Verwandlungen. Bei Tagesanbruch steht der Tempel am Fluss, nachdem sich die nächtliche Fahrt unter dem Fluss mit Bangen und Chaos vollzogen hat.

Zuerst hören wir von der Hütte des *Fährmanns,* die zufälligen Formen der Bretter sind mit einem lauten Getöse nun in einen silbernen Altar verwandelt. Der Fährmann selbst erscheint in weißem, kurzem Rock mit einem silbernen Ruder. Dann geht *die Alte* widerwillig im Fluss baden, sie kehrt verjüngt zurück. Sogar *der Alte* scheint, zumindest in ihren Augen, verjüngt. Der *Jüngling* wird durch die Einweihung der Könige zum neuen Leben als König erweckt. Der *vierte König* verwandelt sich in einen unförmigen Klumpen, weil die Irrlichter das Gold aus seinem Leib geleckt haben. Nach der Einweihung des Jünglings kann dieser sich mit seiner Geliebten verbinden, wodurch die *Lilie* inkarniert. Schlussendlich verwandelt sich der *Riese* in eine Sonnenuhr. Und die *Irrlichter?* Sie schütteln noch ein letztes Mal ihr Gold ab ... und damit rundet sich der Kreis. Sie müssen noch warten, bis sie als Professor Capesius und Doktor Strader einen Entwicklungsweg antreten können.

Zuletzt noch ein Blick auf das Volk. Wir sehen das Volk zuerst in Anbetung, beeindruckt vom himmlischen Licht. Dann strömt es in den Tempel voller Neugierde hinein, und letztendlich ist es die Begierde, nach dem Gold – es «drängte und zerriss sich ...». Dieser Weg ist rückläufig im Vergleich zu den inneren Verwandlungsstufen der Schlange. Bei ihr ist es zuerst die Begierde, das Gold in sich aufzunehmen, zweitens ihre Neugierde, in den Tempel hineinzugehen, und schlussendlich ihre Hingabe an das Licht.

In seinem «Egmont» äußert sich Goethe nicht viel anders über das Volk:

«Weit besser ist's, sie einzuengen, dass man sie wie Kinder halten, wie Kinder zu ihrem Besten leiten kann. Glaube nur, ein Volk wird nicht alt, nicht klug; ein Volk bleibt immer kindisch.»

Wir Menschen haben noch einen weiten Weg zu gehen. Die vielen Verwandlungen der Märchengestalten, die wir angeschaut haben, sind Abbilder von seelisch-geistigen Qualitäten, die uns als Menschen möglich sind. Im nächsten Teil schauen wir dann anhand des ersten Mysteriendramas «Die Pforte der Einweihung» auf die menschlichen Entwicklungsmöglichkeiten.

Zweiter Teil:
Die Pforte der Einweihung –
Ein Rosenkreuzermysterium

1. Einleitend

Die Entstehungsgeschichte der «Pforte der Einweihung» beginnt im Jahr 1889, nachdem Rudolf Steiner sich intensiv mit Goethes Märchen beschäftigt hatte. Es brauchte dann nochmals drei mal sieben Jahre, also einen Reifungsprozess von 21 Jahren, bis das erste Mysteriendrama durch Rudolf Steiner geschrieben worden war. ‹Durch Rudolf Steiner›, und nicht ‹von›, wie es ab dem dritten Drama «Der Hüter der Schwelle» heißt. Wie können wir diesen Unterschied verstehen?

«Es ist so merkwürdig, solche Keime auf ihrem Weg bis zu dem, was man Gestaltung nennen kann, zu verfolgen. Sie machen einen Weg durch, den man nennen könnte einen Gang in die Unterwelt. Da brauchen sie sieben Jahre, um hinabzusteigen. Dann kommen sie wieder zurück, und zu diesem Hinaufsteigen brauchen sie wieder sieben Jahre. Sie sind dann dort angekommen, wo sie ja im Grunde genommen dem Menschen gegenüber waren, als sie ihren Abstieg begonnen haben, und gehen dann in einer entgegengesetzten Seite sieben Jahre nach der anderen Seite, man könnte sagen, die nach der Höhe geht.» (GA 125, Vortrag vom 17. September 1910)

Im selben Vortrag beschreibt Rudolf Steiner, wie die Bilder des Dramas entstanden sind: «Sie wuchsen so aus sich heraus wie die Blätter einer Pflanze.»

Man findet in den Dramen viel von dem, was Rudolf Steiner sonst in Vorträgen ausführt. Er spricht sogar davon, dass, wenn wir uns wirklich mit den Dramen innerlich auseinandersetzen würden, er keine Vorträge mehr zu halten bräuchte. Warum? Vieles von dem, worüber er nur allgemein sprechen kann, wird in den Dramen ganz konkret. Er vergleicht die Inhalte von «Wie erlangt man Erkennnisse der höheren Welten?» oder auch «Die

Geheimwissenschaft im Umriss» mit den ganz konkreten Entwicklungsschritten seiner Dramengestalten. Denn es gibt im eigentlichen Sinne keine allgemeine Entwickelung, jeder Mensch geht seinen individuellen Entwicklungsweg. Dadurch, dass die Inhalte nun in einem Kunstwerk erscheinen, können sie intensiver und realer erlebt werden.

Die Hauptfigur der «Pforte der Einweihung» ist Johannes Thomasius. Alles was uns in diesem «Rosenkreuzerdrama» begegnet, ist Inhalt von Johannes' Erlebniswelt. Seine Stufen der inneren Entwicklung gelten in gewissem Maße für jeden.

Er ist ‹der Held› des ersten Mysteriendramas, so wie es der Jüngling in Goethes Märchen ist. Entwicklung ist hier der Schlüssel zu allen Erlebnissen von Johannes, aber auch der Individualitäten in seinem Umkreis. Es wird sogar deutlich, dass sich die Entwicklungsschritte der Menschen aus diesem Kreis gegenseitig bedingen.

In Goethes Märchen haben wir es weniger mit Entwicklung zu tun, wir sollten mehr von verschiedensten Verwandlungen sprechen. Der Unterschied zwischen Verwandlung und Entwicklung lässt sich wie folgt umschreiben: Wir können unterscheiden zwischen Kräften, die aus der Welt kommen, Kräften, die im seelischen Leben wirken, und rein geistigen Kräften. Diese Dreigliederung wird uns in diesem Buch immer wieder und differenzierter begegnen. In den Worten der Grundsteinlegung sind die drei Kräfte in den ersten drei Strophen mit den Worten ‹Menschenweltenwesen›, ‹Menschenseelenwirken› und ‹Menschengeistesgründen› benannt. Ein Dreischritt, der uns von den Weltentiefen in die Geisteshöhen hinaufführt. Oder auch anders formuliert: vom Raum in die Zeit und dann in die Ewigkeit. Zuerst wirken vor allem die Kräfte, die aus der Welt kommen, und die zur Verwandlung führen können. Dann beginnt das Kräftespiel der Zeit, die uns ins Seelische führt, und diese bietet die Möglichkeit zur Entwicklung. Im dritten Schritt, im reinen Innenleben der Meditation, ist der Weg zur Ewigkeit gegeben. Vereinfacht gesagt ist damit ein Weg beschrieben, der von außen nach innen führt: zuerst Verwandlungen, die von außen herbeigeführt werden, dann Entwicklungsschritte in der Auseinandersetzung zwischen außen und innen und zuletzt rein innerlich die Meditation. Im dritten Teil dieses Buches kommen wir darauf zurück. Wir brauchen aber diesen Hintergrund, um die Transformationen der Märchengestalten in die Dramenfiguren zu verstehen.

Die Anknüpfung an das Goethe'sche Märchen hat noch einen weiteren Aspekt. In seinen Dramen schafft Rudolf Steiner zum ersten Mal in der Menschheitsgeschichte Werke, die sich mit dem Karma und den Reinkarnationen einer Menschengruppe befassen. Diese Gruppe ist eine Schicksalsgemeinschaft. Wir dürfen sie in ihren Entwicklungsschritten über mehrere Jahre verfolgen, ja sogar über mehrere Leben hinaus. Ganz neu ist, dass wir ihnen auch in der geistigen Welt begegnen dürfen. Es ist ein gewaltiger Schritt, den Rudolf Steiner macht. Gleichzeitig hat diese Menschengruppe ihre Wurzeln im Märchen von Goethe, denn alle Figuren aus dem ersten Drama kommen regelrecht daraus hervor.

Im Folgenden schauen wir uns die Figuren und Gestalten des ersten Mysteriendramas, im Vergleich zu denjenigen des Märchens, an.

Welchen Weg begeht Rudolf Steiner hier? Wie nah am Märchen hält er sich, wo hört die Verwandtschaft auf? Wie unendlich differenziert schafft er diese Transformation von einem Märchen mit den sich verwandelnden Gestalten in ein Drama mit einer Gruppe von sich entwickelnden Individualitäten!

2. Verwandlung und Entwicklung

Zu Beginn ist hier eine Übersicht aller Figuren und Gestalten, die im «Märchen» als auch der «Pforte der Einweihung» vorkommen, aufgeführt. Links sind die Gestalten des Märchens aufgelistet, in der Mitte deren Verwandlung innerhalb des Märchens und rechts dann die Transformation in die Figuren des ersten Mysteriendramas.

Goethes Märchen	*verwandelt*	*Pforte der Einweihung*
der Fährmann	Tempeldiener, Berater	Geist der Elemente
die zwei Irrlichter	werden anständig, zu Diensten	Professor Capesius, Doktor Strader
die Schlange	die Brücke	die Andre Maria, Felsenwesen
der goldene König		Benedictus
der silberne König		Theodosius
der eherne König		Romanus

der gemischte König	Klumpen	Retardus
der Mann mit der Lampe	verjüngt (in den Augen der Alten)	Felix Balde
die Alte	weiße, schwarze, w. Hand, verjüngt	Felicia Balde
der Riese	Sonnenuhr	German/Erdgehirn
der Mops	Onyx, Mops	das Kind Baldes
die Lilie	inkarniert	Maria
der Jüngling	König	Johannes Thomasius
der Habicht		Theodora
der Kanarienvogel	stirbt und wird wiederbelebt	das Pflegekind der Maria
drei Dienerinnen Liliens		die Freundinnen der Maria, die Seelenkräfte Philia, Astrid, Luna
eine der drei mit dem roten Tuch		die Andre Philia

nicht im Märchen:		*nicht im Drama:*
Helena/Luzifer		der Fluss
Statue Kopf Ahriman/Ahriman		

In Rudolf Steiners ersten Entwürfen für die «Pforte der Einweihung» tragen die Figuren zum größten Teil noch ihre Märchennamen. (GA 44, S. 13 ff.) Maria heißt Lilie, Johannes Thomasius ist namenlos und wird schlichtweg ‹Mensch› genannt. Capesius und Strader sind die zwei Irrlichter. Romanus wird der König des Willens genannt, Theodosius der König des Gefühls und Benedictus hat noch keinen Namen; er wird ‹Hierophant› genannt. Der Mann mit der Lampe und seine Gattin werden als solche benannt. Die Dienerinnen werden als 1., 2. und 3. Mädchen aufgeführt. Der Fährmann ist noch nicht zum Geist der Elemente geworden, er wird angedeutet als ‹Makrokosmos›. Alle Tiere sind die uns bereits von Goethe bekannten, das gilt auch für die Schlange. Man kann hier deutlich spüren, wie die Übersetzung des Märchens in ein Entwicklungsdrama eine Zwischenstufe durchmacht.

Im Folgenden werden wir die Figuren des Dramas, so wie sie dann schlussendlich dastehen, mit den Märchengestalten vergleichen. Wo sehen wir wesentliche Übereinstimmungen, wie transformiert Rudolf Steiner die Gestalten, manchmal auch mit Zwischenschritten, in inkarnierte Individualitäten mit ihrem je eigenen Schicksal, ihrem Karma und den entsprechenden Prüfungen?

Die einzelnen Figuren des Dramas in Zusammenhang mit den Gestalten des Märchens

Was uns sofort ins Auge springt, ist die Tatsache, dass keine der Märchengestalten einen Namen trägt. Sie sind alle, was sie sind, in ihrer Erscheinung. Sei es die Erscheinung selbst, der Beruf oder die Funktion wie Jüngling, Fährmann, Schlange, Riese, Alter und so weiter.

Die Figuren aus dem Drama tragen dagegen alle Namen. Das deutet auf eine Individualisierung hin. Dabei tragen manche Figuren nur Vornamen, manche ausschließlich Nachnamen, und wieder andere haben einen Vor- und Nachnamen. Die Vornamen scheinen etwas auszusagen über das innere Wesen der betreffenden Figur, wie zum Beispiel bei Benedictus, was der ‹Gesegnete› bedeutet; oder bei Theodora, das ‹Gottesgeschenk›. Ihre Aufgaben im Drama übersteigen das rein Individuelle. Die Nachnamen deuten eher auf eine Wirksamkeit in der Welt. Wir werden bei der Besprechung einzelner Figuren näher auf die Namensgebung eingehen. Hier sei nur erwähnt, dass die Metamorphose vom Abbild einer menschlichen Qualität zum Vorbild eines Entwicklungsweges sich bis in die Namensgebung vollzieht.

Wir haben nun die folgenden Figuren näher zu betrachten:

- Maria / die schöne Lilie und die Andre Maria (Felsenwesen) / die Schlange
- Die drei Seelenkräfte / die Dienerinnen Liliens
- Johannes Thomasius / der Jüngling
- Felix und Felicia Balde / die Alten
- Professor Capesius und Doktor Strader / die zwei Irrlichter
- Theodora / der Habicht
- Benedictus, Theodosius, Romanus und Retardus / die vier Könige
- der Geist der Elemente / der Fährmann
- German / der Riese
- Luzifer und Ahriman / der Fluss

Das Märchen hat uns Gestalten gezeigt, die zusammen ein grandioses Bild des ganzen Menschen bilden, ein Abbild des zukünftigen Menschenwesens.

Wenn wir auf die Personen im Drama schauen, sollten wir sie als Vorbilder vieler möglichen Entwicklungswege betrachten. Rudolf Steiner äußert sich in einem in Berlin gehaltenen Vortrag über «Die Pforte der Einweihung» folgendermaßen:

«Es gibt keine Entwickelung an sich, keine Entwickelung im Allgemeinen; es gibt nur die Entwickelung des einen oder des anderen oder des dritten, des vierten oder des tausendsten Menschen. Und so viele Menschen in der Welt sind, so viele Entwickelungsprozesse muss es geben. Daher muss die wahrste Schilderung des okkulten Erkenntnisweges im Allgemeinen einen Charakter haben, der in einer gewissen Weise sich nicht deckt mit einer individuellen Entwickelung. Will man Entwickelung, so wie sie sich erschaut in der geistigen Welt, wirklich hinstellen, so kann das nur geschehen, wenn man die Entwickelung eines einzelnen Menschen gestaltet, wenn man in die Individualität umsetzt, was für alle Menschen wahr ist. Liegt in der Schrift ‹Wie erlangt man Erkenntnisse der höheren Welten?› gewissermaßen der Anfang des Entwickelungsgeheimnisses eines jeden Menschen, so liegt in dem Rosenkreuzermysterium das Entwickelungsgeheimnis eines einzelnen Menschen, des Johannes Thomasius.» (GA 125, Vortrag vom 31. Oktober 1910, S. 126)

Zum Anfang betrachten wir die Figuren, die im Drama die gleichen Namen tragen. Es gibt da zwei ‹Marien› und ebenfalls zwei ‹Philias›; die jeweils zweite wird von Rudolf Steiner ‹die Andre› genannt.

Die Polarität *Maria* und die *Andre Maria* wird schon im 1. Bild von ‹Die Pforte der Einweihung›, im Empfangsraum, dem Zimmer in rosenrotem Grundton, unmittelbar deutlich. Die beiden Marien sprechen diese Polarität selbst ganz klar aus.

Maria über sich selbst im Gespräch mit ihrem Freund Johannes:

> «Ich fühle mich in Geisteskräften,
> Die wirken wie in Meerestiefen,
> Und seh' der Menschen Leben
> Wie Wellenkräuseln an des Wassers Oberfläche.
> Ich fühle eins mit allem Lebenssinne mich,
> Nach dem die Menschen rastlos streben,

Und welcher mir nur scheint
Des eignen Wesens Offenbarung.
Ich sah, wie oft er sich verband
Mit eines Menschen Seelenkern,
Zum Höchsten ihn erhebend,
Was nur das Herz erflehen kann.
Doch wie er lebt in mir,
Erweist als böse Frucht er sich,
Berührt mein Wesen sich
Mit andrer Menschen Wesen. »
[Hervorhebung durch Autorin]

Hier wird die Verwandtschaft mit der Lilie spürbar. Die schöne Lilie, die alles Lebendige mit ihren Blicken lähmt, alles Lebendige durch ihre Berührung tötet.

Somit ist das Schicksal der Maria ein Ungewöhnliches. Sie ist ein Gefäß für das Höhere. In einem dramatischen Gespräch mit Benedictus wird dieses Schicksal nochmals offenkundig.

Maria spricht im 3. Bild:

« So also steht's mit mir, – – – –
Du gibst mir Licht,
Doch Licht, das mir die Kraft des Sehens raubt
Und mich mir selbst entreißt.
Bin ich denn eines Geistes Mittler nur
Und nicht mein eigen Wesen,
Dann dulde ich nicht länger
Die Form an mir,
Die Maske und nicht Wahrheit ist. »

Die Andre Maria, auch im Empfangsraum im 1. Bild:

« Ich muss stets neue Kraft
Mir holen aus dem Reichtum,
Der hier aus Geistesquellen fließt.
Die warme Zauberkraft der Worte,
Die hier ich höre,

Ergießt in meine Hände sich
Und fließt wie Balsam weiter,
Berührt die Hand den Leidbeladnen.
Sie wandelt sich auf meinen Lippen
In rechte Trostesrede
Für schmerzdurchwühlte Herzen.»
[Hervorhebung durch Autorin]

Deutlich und sehr konkret erfahren wir hier, wie die Kraft der Berührung, die von Maria ausgeht, eine geistige, eine übersinnliche ist (berührt mein Wesen ...), die von der Andren Maria eine irdische, physische (berührt die Hand ...).

Die Andre Maria als Felsenwesen hat selbstverständlich eine große Ähnlichkeit mit der Schlange.

Es ist mit den Worten von Rudolf Steiner die «Seelenform der Andren Maria». Und doch, diese geheimnisvolle Naturfigur, sie ist keine Schlange. Im 4. Bild sagt Strader, als er die Andre Maria «in Seelenform» sieht:

«... welch sonderbares Wesen!
Es ist, als ob der Fels
Es selbst geboren hätte.»

Und etwas später Capesius:

«Ich liebe deine Sprache, Frau ...»

Ein Wesen, einer Frau ähnlich, erscheint. In der Übertragung der Gestalten des Märchens zu den Figuren der Mysteriendramen gibt es bei einigen Wesen eine Zwischengestalt, weder ganz Tier noch ganz Mensch. So bei der Andren Maria wie auch bei Theodora, die im Devachan mit großen Flügeln erscheint, dem Habicht ähnlich.

So wie die Schlange in der Beschreibung von Goethe vollständig in ihre eigene Gestalt untertaucht, so bezieht sich die Andre Maria auf das innere Menschenwesen: auf das Menschen-Wollen, -Denken und -Fühlen. Die «Begierde» der Schlange wird bei der Andren Maria, wenn sie als Felsenwesen auftritt, zum Wollen, die Wahrnehmung von der Verdauung des Goldes wird zum Denken und die Freude am Leuchten des eigenen Leibes zum Fühlen.

Die Schlange wird beschrieben, die Andre Maria spricht sich selber aus. Alle von ihr gesprochenen Sätze fangen mit «Ich» an.

Im 5. Bild:

«Ich ringe mich durch Felsengründe
Und will der Felsen eignen Willen
In Menschen Worte kleiden,
Ich wittre Erdenwesenheit
Und will der Erde eignes Denken
Im Menschenkopfe denken.

Ich schlürfe reine Lebenslüfte
Und bilde Luftgewalten
In Menschenfühlen um.»

Teilen wir nun die Beschreibung der Schlange ebenfalls in drei Motive ein. Das erste Motiv erzählt von der Begierde der Schlange, verortet ist sie in den Felsritzen. «In dieser Kluft befand sich die schöne grüne Schlange, die durch die herabklingende Münze aus ihrem Schlafe geweckt wurde. Sie ersah kaum die leuchtenden Scheiben, als sie solche auf der Stelle mit großer Begierde verschlang und alle Stücke, die sich in dem Gebüsch und zwischen den Felsritzen zerstreut hatten, sorgfältig aufsuchte.»

Im zweiten Motiv erfahren wir die Wirkung der Goldstücke in ihrem Körper. «Kaum waren sie verschlungen, so fühlte sie mit der angenehmsten Empfindung das Gold in ihren Eingeweiden schmelzen und sich durch ihren ganzen Körper ausbreiten.»

Und dann, im dritten Motiv, ist es die Freude darüber, wiederum bezogen auf ihre eigene Leiblichkeit. «... und zur größten Freude bemerkte sie, dass sie durchsichtig und leuchtend geworden war.»

Die Andre Maria wird von Rudolf Steiner als Seele der Liebe benannt, im 11. Bild, dem Sonnentempel. Und zwar im Gespräch zwischen Theodosius und der Andren Maria.

Die Andre Maria:

«Ich muss erkennen, dass ein Edles nur
Im Lichte heilsam wirken kann.

Und wende mich zum Tempel.
Mein Fühlen soll in Zukunft
Dem Liebeslicht nicht seine Wirkung rauben.»

In dieser Rede können wir die Verwandtschaft mit der Opferbereitschaft der grünen Schlange in Goethes Märchen deutlich spüren. Die Andre Maria stellt sich in den Dienst des Tempelwerkes.

Theodosius, der Geist der Liebe, antwortet daraufhin:

«Durch deine Einsicht gibst du mir die Kraft,
Marias Seelenlicht den Weg zur Welt zu bahnen.
Es musste stets die Macht verlieren
An Seelen deiner frühern Art,
Die Licht mit Liebe nicht verbinden wollen.»

In der Begegnung mit Professor Capesius und Doktor Strader nennt die Andre Maria sich selbst «die niedre Schwester nur des hohen Geisteswesens, das jenes Reich bewohnt, aus dem ihr eben kommt». Das hohe Geisteswesen ist Maria, im Märchen die Lilie. Die Seele der Liebe, die Andre Maria, deutet hier auf ihre ‹Schwester› als geistige Vertreterin der Liebe. Um diese zu erreichen, bietet sie Professor Capesius und Doktor Strader nun zwei Möglichkeiten, zwei Wege, an, um in dieses Reich zu gelangen, das Reich, das deren Sehnsucht stillen könnte.

Der erste Weg ist der, den sie selbst anbieten kann, es ist der Schlangenweg zur Mittagsstunde.

«Es gibt der Wege zwei,
Erwächst mir meine Kraft zu ihrer Höhe,
So können alle Wesen meines Reichs
In hehrer Schönheit strahlen.
Es glänzt dann funkelnd Licht
Von Fels und Wasser;
Der Farben reichste Fülle
Verbreitet sich im Umkreis,
Und Heiterkeit der Wesen
Erfüllt die Luft mit frohen Tönen.

Ergibt sich eure Seele dann
Den reinen Wonnen meines Seins,
So schwebet ihr auf Geistesflügeln
In Weltenurbeginne.»

Professor Capesius und Doktor Strader lehnen diesen Weg ab, sie meinen, das sei Schwärmerei, sie wollen aber auf dem Boden bleiben.

Dann offeriert die Andre Maria den beiden die zweite Möglichkeit. Im Goethe'schen Märchen ist es der Schatten des Riesen, der in der Dämmerung entsteht.

«Und wollt ihr wandeln
Den andren Weg,
Ihr müsst verzichten
Auf euren stolzen Geist.
Vergessen, was Vernunft gebeut,
Natursinn erst erobern eurem Wesen,
In Mannesbrust die Kindesseele,
Von des Gedankens Schattenbildern unberührt,
Natürlich walten lassen.
So kommt ihr zwar nicht wissend,
Doch sicher zu des Lebens Quell.»

Die Brücke, die die Andre Maria selber bilden kann, ganz so wie im Märchen, fordert von den Reisenden ein höheres Bewusstsein. Die Herren aber meinen, dass dies Schwärmerei sei. Sie wollen auf dem Boden bleiben. Den anderen Weg, mit abgedämpftem Bewusstsein über den Schatten des Riesen, lehnen sie jedoch ebenfalls ab. Hier finden wir also eine unmittelbare Übersetzung der Goethe'schen Märchenbilder in die dahinterliegenden Kräfte.

Kommen wir nun zu den drei Dienerinnnen der Lilie und ihren Entsprechungen im Mysteriendrama.

Maria wird begleitet von ihren drei Seelenkräften, so wie auch die Lilie ihre drei Dienerinnen zur Verfügung hat. Führen wir uns nun zuerst das Bild der einsamen, traurigen Lilie vor Augen. Sie singt dieses Lied:

« ‹ Entfernt vom süßem menschlichen Genusse,
Bin ich doch mit dem Jammer nur vertraut.
Ach, warum steht der Tempel nicht am Flusse!
Ach, warum ist die Brücke nicht gebaut? ›

Sie stand auf und sogleich trat ein reizendes Mädchen aus dem Gebüsch, das ihr die Harfe abnahm. Dieser folgte eine andre, die den elfenbeinernen geschnitzten Feldstuhl zusammenschlug und das silberne Kissen unter den Arm nahm. Eine dritte, die einen großen, mit Perlen gestickten Sonnenschirm trug, zeigte sich darauf, erwartend, ob Lilie auf einem Spaziergange etwa ihrer bedürfe. »

Verfolgen wir die Metamorphose der drei Dienerinnen Liliens in die drei Seelenkräfte Marias. Die Seelenkräfte bekommen von Rudolf Steiner Namen; sie heißen *Philia, Astrid* und *Luna.* Sie sind keineswegs allegorisch aufzufassen, es sind reale geistige Gestalten, welche die menschliche Seele mit dem Kosmos verbinden. Die Andre Philia ist die geistige Wesenheit, welche die Verbindung der Seelenkräfte mit dem Kosmos hemmt. Im Geistgebiet, dem Devachan, ruft Maria ihre Seelenkräfte auf, denn in der Krise um das Schicksal des Johannes braucht sie nun ihre « Schwestern ».

Im 7. Bild, wir sind im Geistgebiet, spricht Maria:

« Ihr, meine Schwestern, die ihr
So oft mir Helferinnen wart,
Seid mir es auch in dieser Stunde,
Dass ich den Weltenäther
In sich erbeben lasse.
Er soll harmonisch klingen
Und klingend eine Seele
Durchdringen mit Erkenntnis.
Ich kann die Zeichen schauen,
Die uns zur Arbeit lenken.
Es soll sich euer Werk
Mit meinem Werke einen. »

In derselben Rede ruft Maria ihre drei Seelenkräfte einzeln an und gibt jeder Seelenkraft einen Auftrag. Daraufhin sprechen diese aus, was sie tun werden, Philia ist die erste:

> «Ich will erfüllen mich mit klarstem Lichtessein
> Aus Weltenweiten,
> Ich will eratmen mir
> Belebenden Klangesstoff
> Aus Ätherfernen,
> Dass dir, geliebte Schwester,
> Das Werk gelingen kann.»

Es folgt Astrid:

> «Ich will verweben erstrahlend Licht
> Mit dämpfender Finsternis,
> Ich will verdichten
> Das Klangesleben.
> Es soll erglitzernd klingen,
> Es soll erklingend glitzern,
> Dass du, geliebte Schwester,
> Die Seelenstrahlen lenken kannst.»

Dann spricht Luna:

> «Ich will erwärmen Seelenstoff
> und will erhärten Lebensäther.
> Sie sollen sich verdichten,
> Sie sollen sich erfühlen,
> Und in sich selber seiend
> Sich schaffend halten,
> Dass du, geliebte Schwester,
> Der suchenden Menschenseele
> Des Wissens Sicherheit erzeugen kannst.»

Die Angaben von Rudolf Steiner für die Gestaltung der Seelenkräfte Marias lassen sich aus den Attributen der Dienerinnen Liliens entwickeln.

Das Mädchen mit dem Sonnenschirm

Philia

Das Mädchen mit der Harfe

Astrid

Das Mädchen mit dem Stuhl

Luna

Aus dem Sonnenschirm des ersten Mädchens wird für Philia eine eurythmische Geste nach oben, ins Licht. Der Blick geht in die Geste hinein, nach oben also. Der eurythmische Vokal **I**, oben gestaltet, ist ihr Grundton. Das zweite Mädchen mit der Harfe metamorphosiert sich in Astrid zur Geste in der mittleren Zone des Körpers und es wird der eurythmische Vokal **A** in der Mitte als Grundton gebildet. Auch hier geht der Blick in die Geste hinein. Das dritte Mädchen mit dem Stuhl wird zu Luna, mit ihren eurythmischen Gebärden weilt sie im unteren Bereich mit dem verdichteten Vokal **U** als Grundton. Der Blick ist frei, nach außen gerichtet.

Die Dienerinnen Liliens erscheinen, wenn die Lilie sie braucht, die selbstbewusste Maria ruft aber ihre Seelenkräfte selbst auf. Die Attribute der Dienerinnen metamorphosieren sich zu seelischen Kräften der Maria in die personifizierten Seelenkräfte Philia, Astrid und Luna.

Der mit Perlen bestickte Sonnenschirm ist in der Vertikalen, lichtverbunden und wird zum Vokal I. Die Harfe ist in der Mitte, mit dem Herzen verbunden und wird zum Vokal A. Der Stuhl ist unten, für die müden Glieder, und wird zum Vokal U.

Die Vokale bringen mehr Verständnis für die Seelenkräfte als das Wissen um Liebe, Weisheit, Festigkeit oder auch Empfindungsseele, Verstandes-/Gemütsseele, Bewusstseinssseele. Das I hat von sich aus die Verbindung zum Licht, das A in der Mitte die Verbindung zum Herzen und das U in seiner Zusammengezogenheit die selbstverständliche Leibesnähe.

Obwohl sie eigenständige geistige Wesenheiten sind, verwebt Rudolf Steiner die Seelenkräfte in seiner Inszenierung mehrmals ineinander. So lässt er sie z. B. in einer Lichtwolke erscheinen. Das Ineinanderklingen wird auch in den Endvokalen ihrer Namen spürbar. Phili-A-strid, Lun-A.

Künstlerisch, und sicher nicht pedantisch, geht Rudolf Steiner vor, wenn er die Qualitäten der drei Seelenkräfte beschreibt und in einem Vortrag über «Die Pforte der Einweihung» erklärt:

«Man kann insbesondere Eigenschaften der Empfindungsseele in der Philia sehen, Eigenschaften der Verstandes- oder Gemütsseele in Astrid, Eigenschaften der Bewusstseinsseele in Luna. Daraufhin sind schon die Namen geprägt. Alle Namen sind so, dass sie für die einzelnen Wesenheiten ganz wesenhaft geprägt sind. Nicht nur in den Worten, sondern in der Art,

Bilder der Vokale I, A und U (Eurythmiefiguren)

wie die Worte gesetzt sind, namentlich wo wirken soll das Spirituelle im Devachan, im siebenten Bild, da ist das, was die drei Gestalten der Philia, Astrid und Luna charakterisieren soll, genau abgestuft. Das, womit das siebente Bild beginnt, ist eine bessere Charakteristik von Empfindungsseele, Verstandesseele und Bewusstseinsseele, als man sonst in Worten geben kann. Da kann man den Menschen zeigen, was Empfindungsseele, was Verstandesseele, was Bewusstseinsseele ist. In der Kunst kann man die Stufen zeigen in der Art, wie diese drei Gestalten dastehen. In der menschlichen Wesenheit fließen sie ineinander. Werden sie voneinander gelöst, dann stellen sie sich so dar, wie Philia sich hineinstellt in das Weltenall, wie Astrid sich hineinstellt in die Elemente, wie Luna ausfließt in Selbsttat und Selbsterkenntnis.»

Und dann kommt Rudolf Steiner zu sprechen auf das Ineinander-Weben der drei Seelenkräfte. Hier wird erlebbar, dass wir es mit geistigen Wesenheiten zu tun haben, und nicht mit inkarnierten Individualitäten. Das ruft dann die Frage nach den Freundinnen Marias im Empfangsraum im 1. Bild hervor. Was macht Rudolf Steiner da? Bei der Besprechung der Räume wird das deutlich werden.

«Und weil sie sich da so hineinstellen, ist in der Devachanszene alles erhalten, was im wahren Sinne Alchimie ist. Die ganze Alchimie ist darin, man muss sie nur nach und nach herausfinden. Sie ist aber nicht nur in dem abstrakten Inhalt gegeben, sondern in dem Weben und Wesen der Worte. Deshalb sollen Sie nicht nur hören, was gesagt wird, und namentlich nicht bloß, was der Einzelne spricht, sondern wie die Seelenkräfte im Verhältnis zueinander sprechen. Die Empfindungsseele schiebt sich hinein in den Astralleib, wir haben es mit webender Astralität zu tun. Die Verstandesseele schiebt sich hinein in den Ätherleib, wir haben es also mit webender Ätherwesenheit zu tun. Wir sehen, wie sich wie mit innerer Festigkeit die Bewusstseinsseele in den physischen Leib hineinergießt. So ist das, was seelenhaft wirkt wie Licht in der Seele, in den Worten der Philia gegeben; was ätherisch objektiv wirkt, so dass man den wahren Dingen gegenübersteht, das ist in Astrid gegeben; was innere Festigkeit gibt, so dass es mit dem zunächst festen physischen Leib verbunden ist, das ist in Luna gegeben. Das müssen wir erfühlen.» (GA 125, Vortrag vom 17. September 1910)

Da klingt es wieder, dieses Wort, dieses Verb «erfühlen», wie wir schon in Marias Worten in Luzifers Reich aus dem «Hüter der Schwelle» erleben konnten. Es geht in dem oben angeführten Zitat weniger um das Erklären, das Verstehen der Seelenkräfte. Viel mehr aber um das Ernstnehmen der gesprochenen Worte selber, ja, sogar bis in die einzelnen Laute hinein. Selbstverständlich erweitert sich das auf die erst später entstandenen eurythmischen Bewegungen und Angaben für die Seelenkräfte. Und heißt Ernstnehmen im Gefühl nicht zu fragen, wie hat es mich im Inneren bewegt? Das ist die Bedeutung des Wortes Erfühlen, das bewusste, in der eigenen Seele Lesen.

So macht es einen wesentlichen Unterschied, ob zum Beispiel ein I oder ein U erklingt. Inhaltlich ist es ein unscheinbarer Unterschied, ob Philia «... dass dir, geliebte Schwester ...» und Astrid «... dass du geliebte Schwester...» sagt, aber für Rudolf Steiner ist das dichtere, dumpfer klingende U ein wichtiges Charakeristikum. Es kommt auf das Wie an, mehr als auf das Was.

Goethe lässt dies *Homunkulus* in seinem «Faust» sagen: «das Was bedenke, mehr bedenke Wie».

Die schöne Lilie und *Maria*

Im 3. Bild von «Die Pforte der Einweihung» bittet Maria Benedictus, ihr das Rätsel ihres Lebens zu lösen. Hier seine Antwort:

> «O Freundin, deine Leiden
> Sind Glieder eines Schicksalsknotens,
> In dem sich Göttertat verschlingt mit Menschenleben.
> Als auf dem Pilgerpfad der Seele
> Erreicht ich hatte jene Stufe,
> Die mir die Würde gab,
> Mit meinem Rat zu dienen in den Geistersphären,
> Da trat zu mir ein Gotteswesen,
> Das niedersteigen sollte in das Erdenreich,
> Um eines Menschen Fleischeshülle zu bewohnen.
> Es fordert dies das Menschenkarma

An dieser Zeiten Wende.
Ein großer Schritt im Weltengang
Ist möglich nur, wenn Götter sich binden *an das Menschenlos.*
Es können sich entfalten Geistesaugen,
Die keimen sollen in den Menschenseelen,
Erst wenn ein Gott das Samenkorn
Gelegt in eines Menschen Wesenheit.
Es wurde mir nun aufgegeben,
Zu finden jenen Menschen,
Der würdig war, des Gottes Samenkraft
In seine Seele aufzunehmen.
So musste ich verbinden Himmels-Tat
Mit einem Menschenschicksal.
Mein geistig Auge forschte.
Es fiel auf dich.»
[Hervorhebung durch Autorin]

Maria muss in diesem Moment erleben, dass sie Gefäß für ein göttliches Wesen ist. Ein Gefäß ist ein ganz konkretes Bild, das auf poetische Art im Märchen als Blütenkelch der weißen, schönen Lilie erscheint. Durch die Einsicht, die Maria hier bekommt, fühlt sie sich ihrer selbst beraubt – und exkarniert daraufhin. Mit diesem göttlichen Wesen ist Anthropo-Sophia gemeint.

So wie wir das dramatische und zugleich kosmische Geschehen bei Maria im Mysteriendrama nachvollziehen können, werden wir auch fündig innerhalb der Geschichte der Entwicklung der Anthroposophie.

Die erste Begegnung von Marie von Sivers mit Rudolf Steiner fand in Berlin statt, im Jahr 1900. Marie von Sivers ist zu diesem Zeitpunkt 33 Jahre alt. Sie bricht vollständig mit ihrem alten Leben und verbindet sich mit der Theosophischen Gesellschaft als Generalsekretärin. Dadurch wird es Rudolf Steiner möglich, die Anthroposophie auf die Erde zu bringen. Eine wirkliche Biografie von Marie von Sivers zu schreiben, ist laut Rudolf Steiner nicht möglich, sie sei ein kosmisches Wesen. Darauf deutet Benedictus im oben aufgeführten Zitat hin.

Abschließend zu den beiden Namensschwestern Maria und die Andre Maria in den Mysteriendramen sei hier noch erwähnt, dass die beiden wichtigen Frauengestalten um Rudolf Steiner ebenfalls denselben Vornamen trugen: Ita Wegman heißt eigentlich Maria Ita Wegman.

Johannes Thomasius, der transformierte *Jüngling* aus dem Märchen, ist die zentrale Figur, der Held des Dramas. Wichtig ist zu bedenken, dass alles, was wir im ersten Drama erleben, durch die subjektiven Erlebnisse von Johannes entsteht. Alle Bilder, außer selbstverständlich das Vor- und Zwischenspiel, sind Handlungen aus seiner Perspektive und seine Erlebnisse. Wir treffen ihn, zusammen mit Maria, gleich am Anfang des 1. Bildes in seiner Not an. Maria ist die Erste, die spricht, und ihre Worte beschreiben die Seelennot ihres Freundes Johannes. Die beiden sind schon seit zehn Jahren in tiefer Verbundenheit miteinander. Johannes, ein Künstler, Maler, hat seine Inspiration verloren, seine Gefühle sind dumpf geworden, sein Geisstreben ist erloschen. Und schmerzhaft muss er erleben, dass die Art, wie Maria, seine geliebte Freundin, auf ihn wirkt, ihm zu schaden scheint.

Wenn sich dann nach und nach der «Empfangsraum» mit all den Menschen füllt, die ihm verbunden sind, scheint er an ihren Erlebnissen und Schicksalen kaum Anteil zu nehmen. Und doch sagt er später, am Ende des 2. Bildes, über alle diese Menschen, die da sprachen:

> «Ich war ein jeder,
> Nur selbst erstarb ich mir.»

Wir erinnern uns an das traurige Bild des Jünglings aus dem Märchen, alleine auf und ab gehend am Flussufer, immer wieder hin und her wandelnd über den Fluss, um seine Geliebte zu besuchen, nur um aufs Neue erfahren zu müssen, dass er sich nicht mit ihr verbinden darf. Ihre Blicke lähmen, ihre Berührung tötet ihn.

Im nächsten Bild des ersten Mysteriendramas, dem 2., befinden wir uns in einer Gegend im Freien, mit Felsen und Quellen. Aber diese Umgebung ist als seelisches Bild für die Inhalte der Meditation von Johannes zu nehmen. Zu diesem Bild gibt es im Drama ein Spiegelbild, das 9. Bild, von Rudolf Steiner benannt als dieselbe Gegend wie im 2. Bild.

Schauen wir uns diese beiden Bilder im Vergleich an. Im 2. Bild ist Johannes mit seiner *Vergangenheit* konfrontiert. Schmerzvoll wird ihm klar, dass er verantwortlich für das Leid, ja, sogar den Tod einer Freundin ist. Er sieht sich gezwungen, ganz einzutauchen in das Leid dieses Wesens. Es ist eine grausame Selbsterkenntnis, die er hier erleben muss, er fühlt sich wie gefesselt. Immer wieder tönt es aus seinem Umkreis: « O Mensch, erkenne dich! »

« O Mensch, erlebe dich! », tönt es Johannes entgegen im 9. Bild. Seine Stimmung ist nun völlig anders, Freude erfüllt seine Seele, Hoffnung und Zuversicht. Er ist beflügelt ...! Und alles ist auf die *Zukunft* ausgerichtet.

Hier werden die Wesen, die in Johannes' Seele sprechen, nicht mit Namen genannt. Unschwer aber lassen sich Ahriman und Luzifer erkennen. Der eine, der an die Vergangenheit fesselt, der andere, der in die Zukunft hinein beflügelt.

Wir sahen schon, dass diese beiden Wesenheiten keine Rolle spielen in Goethes Märchen. Dafür gibt es in den Dramen keinen Fluss, der im Märchen eine so große und wichtige Rolle spielt. Dieser Fluss trennt und verbindet zwei Welten, er hat seine strengen Gesetze, als wäre er selbst ein Wesen. In dem Strom des Wassers haben wir ein Bild der Zeit vor uns, den Lebensstrom – von der Vergangenheit in die Gegenwart und von der Zukunft auf uns zu kommend in die Gegenwart hinein. Diese zwei Zeitströme werden wir im Zusammenhang mit den beiden Widersachern und ihrem Verhältnis zur Zeit näher betrachten. Vorläufig stellen wir fest, dass Ahriman und Luzifer uns in ihrem Wirken auf die Seele des Johannes einen Blick auf das Geheimnis der Zeit freigeben. Wenn Goethe uns den Jüngling vorstellt, hören wir von seiner Vergangenheit – ein trauriges, leidvolles Bild erscheint. Zwar ist dieses Leid noch nicht individualisiert, wie Johannes es erleben muss im 2. Bild des ersten Mysteriendramas, aber ein trauriges Schicksal ist es nichtsdestotrotz. Die zukünftige Verwandlung des Jünglings und die Entwicklungsschritte des Johannes sind kaum zu vergleichen. Hier entwickelt sich das Drama unendlich viel differenzierter als das allgemeine Los des Jünglings. Letzterer wird neuer König, ausgestattet mit neuen Seelen- und Geisteskräften. Diesen Prozess schauen wir genauer bei der Besprechung der *Worte der Grundsteinlegung* an.

Im Märchen macht der Jüngling viele Verwandlungen durch: ausgehend von der Lähmung, dann über den Scheintod ins Leben erweckt, wird er schlussendlich durch die Initiation im Tempel der neue König. Alles geschieht an ihm, sein Bewusstsein ist zum größten Teil abgedämpft. Seine einzige eigene Tat ist der Sturz aus der starken Emotion heraus in den Tod. Er erobert sein Königtum durch die Taten und Leiden der Gemeinschaft, der er zugehört. Es sind dies die beiden Alten, die Schlange, die schöne Lilie und sogar die beiden Irrlichter, die ihm zu Hilfe kommen. Die Könige schenken ihm die Attribute, die zu den Kräften seines Wirkens als König führen. Wie anders und doch ähnlich verläuft das Schicksal des Johannes!

Auch er dankt seine Entwicklung der Schicksalsgemeinschaft, in der er lebt. Aber sein Bewusstsein ist ein völlig anderes. Die anfängliche Lähmung teilt er mit dem Jüngling. Das Sterben des Jünglings durch die Berührung mit der Lilie ist ein Sterben für die Sinneswelt, er ist scheintot. Diese Situation finden wir im 7. Bild der «Pforte der Einweihung», im Geistgebiet wieder. Johannes erkennt Maria in ihrer wahren Wesenheit.

> «Und jetzt erst, da vor dir
> Im Geist ich stehen darf,
> Erstrahlt mir volles Licht.
> In dir hat schon mein Sinnessehn
> Die Wirklichkeit so fest ergriffen,
> Dass mir Gewissheit ist
> Auch hier im Geisterland:
> Es steht kein Zauberbild vor mir.
> Es ist die wahre Wesenheit,
> In der ich dir begegnet dort,
> In der ich hier dich treffen darf.»

Johannes geht seinen Weg im vollen Bewusstsein seines Selbstes. Die Meditationsbilder vermitteln ihm Erkenntnisse und Erlebnisse, die er selbst verarbeitet. Er ist ein Übender! Was *an* dem Jüngling geschieht, findet *in* Johannes' Seele statt.

Felix und *Felicia Balde* bilden im eigentlichen Sinne, obwohl sie zwei sind, eine Einheit. Abgelegen im Wald leben sie, in ihrer Hütte, so wie auch *die Alten* in ihrer Hütte an der Felswand. Beide Paare sind innig verbunden mit der Natur und ihren Kräften.

Im Namen «Balde» ist eine Verbindung zu sehen mit dem wichtigsten Motiv des Alten aus dem Märchen: «Es ist an der Zeit.» «Bald ...» ist eine Umschmelzung der Worte «Es ist an der Zeit». Die Einheit des alten Ehepaars finden wir nun als Felix und Felicia Balde wieder. Beide Vornamen bedeuten das Gleiche, sie sind die Glückseligen. In der Abgeschiedenheit des Waldes leben sie glücklich, nicht gepeinigt von Wissensfragen.

Die Hütte der Alten im Märchen hat goldene Wände. Das mag ein Bild für den Weisheitsglanz der Lampe sein. Eine Weisheit, die naturgegeben ist. Im Unterschied zum Märchen ist der Alte keine führende Gestalt mehr, sein altes Wissen ist abgeschieden von der Welt. Und doch, er findet allein seinen Weg zum Tempel. Die Lampe des Alten aus dem Märchen darf nur dort leuchten, wo bereits Licht ist ... Man kann das so sehen: der Aufnehmende dieses Lichtes sollte ein religiöses Gemüt haben. Die Lampe hat sich im Drama zu Felix Baldes Geisteskraft metamorphosiert, eine Verinnerlichung der geschenkten Weisheitskräfte. Für die Figur von Felix Balde haben wir ein Vorbild in Felix Koguzki. Rudolf Steiner spricht ausführlich über diesen Kräutersammler in «Mein Lebensgang»:

> «Da geschah es, dass ich mit einem einfachen Manne aus dem Volke bekannt wurde. Er fuhr jede Woche mit demselben Eisenbahnzuge nach Wien, den ich auch benützte. Er sammelte auf dem Lande Heilkräuter und verkaufte sie in Wien an Apotheken. Wir wurden Freunde. Mit ihm konnte man über die geistige Welt sprechen wie mit jemand, der Erfahrung darin hatte. Er war eine innerlich fromme Persönlichkeit. In allem Schulmäßigen war er ungebildet. Er hatte zwar viele mystische Bücher gelesen; aber, was er sprach, war ganz unbeeinflusst von dieser Lektüre. Es war der Ausfluss eines Seelenlebens, das eine ganz elementarische, schöpferische Weisheit in sich trug. Wenn man mit ihm zusammen war, konnte man tiefe Blicke in die Geheimnisse der Natur tun. [...] Aber vom ersten Kennenlernen an hatte ich die tiefste Sympathie für ihn. Und so wurde es mir nach und nach, wie wenn ich mit einer Seele aus ganz alten Zeiten zusam-

men wäre, die unberührt von der Zivilisation, Wissenschaft und Anschauung der Gegenwart, ein instinktives Wissen der Vorzeit an mich heranbrächte. [...] Mir blieb dieser Mann, auch als das Leben mich wieder von ihm weggeführt hatte, seelennahe. Man findet ihn in meinen Mysteriendramen in der Gestalt des Felix Balde.» (GA 28, S. 46)

Emil Bock findet diese Gestalt im Herbst 1958 im Dörfchen Trumau. Es ist die Stätte des Kräutersammlers Felix Koguzki. Auf dem Friedhof entdeckt Bock den Grabstein mit «Hier ruht Felix Koguzki, gestorben 1909 im 76. Lebensjahr». Auf dem Gemeindeamt erfährt Emil Bock, dass Felix Koguzki fünf Söhne hatte, und mit dem zweitjüngsten, Richard Koguzki, der in Wien lebte, konnte er lange über den Vater sprechen. Richard Koguzki war voller Begeisterung über die Worte Rudolf Steiners in ‹Mein Lebensgang›, die Bock ihm in diesem Gespräch vorlas:

«Ist das, was Sie mir vorlasen, nicht genau dasselbe, was ich Ihnen gesagt habe? Nur mit viel treffenderen Worten! Solch einen Vater haben wir gehabt! Hätten wir es nur, als er noch lebte, schon deutlich gewusst! Wie haben wir unseren Vater geliebt! Wie waren wir glücklich in seiner Nähe! Und jetzt erst, nach so langer Zeit, verstehe ich endlich alles.» (Emil Bock, Rudolf Steiner, Studien zu seinem Lebensgang und Lebenswerk, S. 24 ff.)

Das Motiv «Es ist an der Zeit!» finden wir bei Felix Balde im zweiten Mysteriendrama, «Die Prüfung der Seele», wieder:

«Gehorsam folgte ich der Geistesführung,
Die mir im Herzen spricht,
Als sie zu schweigen mir gebot.
Und jetzt, da sie mich reden heißt,
Will ich ihr gleich ergeben sein.
Der Menschheit Wesen ändert sich
Im Werdegang des Erdenseins.
An einem Zeitenwendepunkte stehen wir.
Es muss ein Teil der Geist-Erkenntnis
Erschlossen werden allen Menschen,
Die ihr Gemüt ihr öffnen wollen. – –»

Felicia Balde, die Gattin von Felix Balde, ist eine Märchenerzählerin. Im Prolog erlebten wir sie schon in der Art, wie sie den Professor über die Kunst des Zuhörens belehrt. Sie schöpft ihre Märchenbilder aus der geistigen Welt.

«Denn Frau Felicia konnte nämlich, wenn auch unbewusst, aus der Welt der Formen, welche die Welt des physischen Planes ist, dann wenn sie ihr Herz in das Gehirn hineinstrahlen ließ, auch Blicke in die Welt der Geister der Bewegung tun. Und da empfing sie ihre Märchen.» (GA 277a, S. 50)

Die Alte im *Märchen* pflegt ihren Garten. Mühelos kann sie dort die drei mal drei Erdenfrüchte pflücken, um die Schuld der Irrlichter beim Fährmann zu bezahlen. Sie macht das, wenn auch widerwillig, weil ihr Mann sie dazu angewiesen hat. Frau Felicia entpuppt sich aber als die Emanzipiertere, denn sie handelt aus Einsicht. Ihr Garten ist die Märchenwelt, sie pflückt keine Erdenfrüchte, denn es sind die Märchenbilder, die sie weitergeben kann, diese sind ihre Früchte.

Professor Capesius und *Doktor Strader* sind die von Rudolf Steiner individualisierten zwei *Irrlichter.* Für die Darstellung von Capesius und Strader bat Rudolf Steiner Oskar Schmiedel in den Proben in München 1910 um Kostüme mit Leuchtfarben. Es sollte die Verbindung zu den beiden Irrlichtern aus Goethes Märchen sichtbar gemacht werden! Es ist überhaupt erstaunlich, wie nah Rudolf Steiner seine Dramenfiguren bis in die Kostümierung hinein an den Märchenfiguren halten wollte.

Hier treffen wir nun auf zwei Figuren in der «Pforte der Einweihung», die nur Nachnamen tragen. Dafür erfahren wir zusätzlich etwas über ihren Beruf, sie sind Professor und Doktor. Zuerst werfen wir einen Blick auf die Namen. Capesius' Name stammt aus dem Wort «Caput», was lateinisch für Kopf ist. Dies lässt sich unschwer verstehen, ist der Professor doch ein Denker. Er ist Geschichtsprofessor und vermittelt seinen Studenten über das Wort die Gedanken. Der Name Strader hat keine Bedeutung. Wir können aber auf die Lautfolge schauen, um etwas über das Wesen dieser Figur zu erfahren. Zuerst haben wir das energiegeladene «Str», dann den offenen Vokal «a», das stauende «d» und zum Schluss das «er». Der Doktor ist einer, der mit den Füßen auf dem Boden bleiben möchte. Als Naturforscher hat er ein Problem, wenn von «Geist» gesprochen wird. Max Gümbel-Seiling berichtet in seinem Buch über die Münchner Zeit mit Rudolf Steiner, wie Rudolf Steiner 1910 ankündigte, das *Märchen* von Goethe zu inszenieren. Später stellte sich heraus, dass es sich um das «selbständige» erste Mysteriendrama handelte. Gümbel-Seiling stellte die Rolle von Strader dar. Auf seine Frage, was dieser Name bedeute, erwiderte Rudolf Steiner, er könne an das Wort «Strahl» denken:

«Sie können dabei an ein Wort wie <Strahl> denken, an die Energieentfaltung, welche in der Konsonantenfolge <Str> liegt. Diese wird nun im D gewissermaßen gehemmt, aufgehalten. In der Vokalfolge A (er entfaltete dabei die Arme) und E (er schloss die Arme) liegt seelisch-innerlich das Gleiche, und das Schluss-R weist darauf hin, dass dieser Prozess sich in Straders Karma immer wiederholt ...» (Max Gümbel-Seiling: <Aus den Proben> in *Die Mysteriendramen. Hinweise Rudolf Steiners über die Mysteriendramen,* Detlef Sixel [Hrsg.])

«Nicht die ganze Individualität, aber gerade einige Züge von Schröer sind dann auf meinen Capesius in den Mysterien übergegangen, den Professor Capesius. Man kann schon sagen: Wir haben da ein glänzendes Beispiel für die Tatsache, dass in die Gegenwart herein nur unter gewissen Bedingungen die spirituellen Strömungen des Altertums getragen werden können. Und man möchte schon sagen: In Schröer zeigte sich das Zurückschrecken vor der Intellektualität. Hätte er die Intellektualität erreicht und sie vereinigen können mit der Spiritualität des Plato: Anthroposophie wäre gekommen.» (GA 238, Vortrag vom 23. September 1924)

Der Professor erfährt eine Erquickung durch die Märchen, die Felicia ihm erzählt, die Bilder schenken ihm Lebenskräfte. Diese Lebenskräfte werden aber Baldes Pflegekind entzogen. Dadurch nimmt Professor Capesius Schuld auf sich, und dies ist dieselbe Art von Schuld, wie sie auch die Irrlichter im Märchen auf sich laden. Die Alte muss nun diese Schuld beim Fährmann bezahlen, sonst nähme sie leiblichen Schaden. Der Einfluss von Capesius auf das Kind Baldes ist verheerend, so muss es sterben wie im *Märchen* der Mops der Alten.

Das Sterben aber von Doktor Strader findet nach einem Vorbild im wirklichen Leben statt. Tatsächlich war er Mönch (Kapuziner) in seiner Jugend. Rudolf Steiner folgt ihm mit großem Interesse nach seinem Tod in die geistige Welt.

«Nun war das Interesse, das ich an diesem irdischen Vorbilde des Strader hatte, das mir jetzt als eine übersinnliche Individualität gegenübertrat, namentlich dadurch angefacht, dass dieses Vorbild wirklich in einer eindringlich scharfsinnig rationalistischen Weise das Christentum erfassen wollte. Man bewundert dabei den Denker; aber man merkt überall bei dieser rationalistischen Darstellung des Christentums in den Büchern jenes Menschen, die er auf Erden geschrieben hat, wie der Faden des Rationalismus, der Faden der Begriffe abreißt, wie im Grunde doch etwas furchtbar Abstraktes dabei herauskommt. Bei der Persönlichkeit, die das Urbild des Strader ist, trat etwas auf, wie wenn sie überhaupt nicht in der Lage wäre, ungehindert dieses unmittelbar auf den Tod folgende seelische Leben gegen die Mondenregion durchzumachen: fortwährend Hindernisse, wie wenn die Mondenregion diese Individualität nicht herankommen lassen wollte. Und wenn man in bildhafter Imagination verfolgte, was da eigentlich war, dann zeigte sich das Folgende: Es war, wie wenn die Geister, also die Urlehrer der Menschheit, die einmal die ursprüngliche spirituelle Wissenschaft der Menschheit gebracht haben, wie wenn diese Urlehrer der Menschheit immer diesem Urbilde des Strader entgegenrufen würden: Du kannst nicht zu uns, denn du darfst deiner besonderen menschlichen Qualität wegen noch nichts wissen von den Sternen; du musst warten, du musst Verschiedenes erst dir wiederholen von dem, was du nicht bloß in der letzten, sondern in den früheren Inkarnationen durchgemacht hast, damit du reif wirst, überhaupt irgend etwas wissen zu dürfen von den Sternen und ihrer Wesenheit. Und da trat dieses Merkwürdige auf, dass man eine Individualität vor sich hatte, die dem Geistigen der Sternenwelt eigentlich gar nicht entgegenwachsen kann oder schwer entgegenwachsen kann. Sie wird ihr natürlich entgegenwachsen, aber sie kann ihr nur schwer entgegenwachsen. Und so habe ich gerade an dieser Persönlichkeit die merkwürdige Entdeckung gemacht, dass es bei solchen neueren rationalistisch-intellektualistischen Individualitäten ein Hindernis in der Karma-Ausgestaltung ist, dass sie nicht an die Sterne in ihrer Wesenheit so ungehindert herankommen können. Bei der weiteren Nachforschung ergab sich, dass diese Persönlichkeit eben alle Kraft zu ihrem Rationalismus aus der Zeit geholt hat, die noch dem Anbruche der Michael-Herrschaft voran ging. Sie war noch nicht berührt in richtiger Weise von der Michael-Herrschaft. Nun wurde aber ganz stark herausgefordert die weitere Prüfung des Karmas dieser Persönlichkeit für die Vergangenheit. Denn ich musste mir sagen: Da liegt doch etwas vor, was diese Persönlichkeit aus den Ergebnissen vergangener Erdenleben karmisch so präpariert, dass das nicht nur im Erdenleben sich auswirkt, sondern noch hineinstößt in das Leben, das nach dem Tode liegt. Es ist das schon ein recht merkwürdiges Phänomen. Da zeigte sich denn, dass das Leben, welches vorangegangen ist diesem Ihnen skizzenhaft beschriebenen Erdenleben, das in der Gestalt des Strader sich spiegelt, das Leben, das diesem Erdenleben in den geistigen Welten vorangegangen ist, ein arges Prüfungsleben war, ein rechtes Prüfungsleben im Übersinnlichen: Wie soll ich's denn mit dem Christentum halten? Man möchte sagen, es bereitet sich langsam da im Übersinnlichen etwas vor, was diese Persönlichkeit unsicher macht in Bezug auf die Auffassung ihres Christentums im Erdenleben. Auch das schimmert in der Strader-Figur durch: Sie ist in nichts sicher, weist ab in einer gewissen Weise dasjenige, was übersinnlich ist, will es nur mit dem Verstande erfassen, will aber doch etwas sehen. Erinnern Sie sich an die Schilderung des Strader. So ist es schon; so ist diese Persönlichkeit auch im Leben aus ihrem Karma in früherer Zeit herausgewachsen. Und es zeigt sich, dass tatsächlich diese Persönlichkeit beim Durchgange durch das Leben zwischen Tod und neuer Geburt, vor diesem Erdenleben am Ende des neunzehnten Jahrhunderts und im Beginn des zwanzigsten Jahrhunderts, in sehr stark abgedämpftem Bewusstseinszustande durch das Sternenleben durchgegangen ist, abgedämpft gerade dieses Leben zwischen Tod und neuer Geburt durchläuft. Dadurch trat dann im Leben die Reaktion auf, um so hellere, festere Begriffe zu fassen gegenüber den stumpfen Begriffsbildern, die diese Persönlichkeit zwischen dem Tode und einer neuen Geburt durchmachte. Wenn man nun hinüberkommt über diese, ich möchte sagen, die Sternenwelten immer wie im Nebel zeigenden Erscheinungen zu dem vorigen Erdenleben dieser Persönlichkeit, da findet man etwas höchst Merkwürdiges. Da wird man zunächst – wenigstens ich wurde es – geführt zu dem ‹Sängerkrieg auf der Wartburg› 1206, gerade in der Zeit, die ich Ihnen geschildert habe als diejenige, in der die alten Platoniker zum Beispiel der Schule von Chartres hinaufgegangen waren in die geistige Welt, die anderen, die Aristoteliker, noch nicht heruntergekommen waren und wo über das eigentliche fortlaufende Michael-Geschehen eine Art himmlischer Konferenz zwischen beiden, eine Besprechung stattfand. In diese Zeit fällt der Sängerkrieg auf der Wartburg hinein. Es ist immer interessant, zu verfolgen: Was ist hier auf Erden, und was ist darüber? Und so haben wir ein Ereignis in dem Sängerkrieg auf der Wartburg, das mit der fortlaufenden Michael-Strömung nicht unmittelbar zusammenhängt. Nun, wer war im Sängerkrieg auf der Wartburg? Es waren ja bedeutendste deutsche Dichter da vereinigt, die miteinander kämpften durch Gesang. Es ist ja bekannt, worinnen der Sängerkrieg auf der Wartburg bestand, wie da kämpften um den Ruhm von Fürsten und um ihre eigene Geltung Walther von der Vogelweide, Wolfram von Eschenbach, Reinmar von Zweter, dass aber einer da war, der im Grunde gegen alle anderen war: Heinrich von Ofterdingen. Und in diesem Heinrich von Ofterdingen fand ich die Individualität, die dem Urbilde des Strader zugrunde lag, wieder.» (GA 238, Vortrag vom 18. September 1924)

Benedictus, der Geisteslehrer, ist der Hierophant in der verborgenen Mysterienstätte, dem unterirdischen Felsentempel des ersten Dramas. Da nimmt er den Platz des goldenen Königs aus dem Märchen von Goethe ein, genauso wie *Theodosius* den silbernen König und *Romanus* den ehernen König vertritt. In *Retardus* erkennen wir den vierten König wieder. Dieser gemischte König wird durch die Irrlichter aus seinem Amt gestürzt, er wird zum unförmigen Gegenstand. Wenn wir die beiden Szenen miteinander vergleichen, kommt etwas Interessantes ans Tageslicht. Es ist ein herrliches Beispiel für die Art, wie Rudolf Steiner an das Märchen anknüpft und es transformiert. Die Beschreibung vom Sturz des gemischten Königs ist äußerst detailliert und präzise, demgegenüber hören wir Retardus nur sagen, dass sein Amt an ein Ende gekommen ist. Aber die Art, wie Rudolf Steiner Retardus erzählen lässt, wie die Wirkung seines «Goldes» verschieden in Capesius und Strader wirksam wurde, ist genauso detailliert und präzise. Nicht der Vorgang selber, aber die Wirkung will zu uns dringen.

«Die Irrlichter [...] hatten auf eine geschickte Weise die goldnen Adern des kolossalen Bildes mit ihren spitzen Zungen bis auf das Innerste herausgeleckt. Die unregelmäßigen leeren Räume, die dadurch entstanden waren, erhielten sich eine Zeit lang offen und die Figur blieb in ihrer vorigen Gestalt.

Als aber auch zuletzt die zartesten Äderchen aufgezehrt waren, brach auf einmal das Bild zusammen und leider gerade an den Stellen, die ganz bleiben, wenn der Mensch sich setzt; dagegen blieben die Gelenke, die sich hätten biegen sollen, steif. Wer nicht lachen konnte, musste seine Augen wegwenden; das Mittelding zwischen Form und Klumpen war widerwärtig anzusehen.»

Entsprechend ist die erste Szene im 11. Bild: Retardus (vor ihm Capesius und Strader):

«Ihr habt mir bittre Not gebracht.
Das Amt, das euch von mir gegeben war,
Ihr habt es schlecht verwaltet.
Ich fordre euch vor meinen Richterstuhl.
Capesius, ich gab dir hohe Geistesart,
So dass Ideen von Menschenstreben
Anmutvoll deiner Rede Inhalt waren
Und überzeugend hätten wirken sollen.
Ich lenkte deine Wirksamkeit in Kreise,
In denen du Johannes und Maria trafest.
Du hättest ihre Neigung für das Geistesschauen
Verdrängen sollen durch die Kraft,
Die deine Worte hätten wirken sollen.
Stattdessen übergabst du selbst dich nur
Der Wirkung, die von ihnen kommt.
Dir, Strader, öffnet' ich den Weg
In sich're Wissensbahnen.
Du solltest durch das strenge Denken
Die Zauberkraft der Geistesschau zerstören.
Doch mangelt dir des Fühlens Sicherheit.
Die Kraft des Denkens, sie entwand sich dir,
Wo dir Gelegenheit zum Sieg sich bot.
Es ist mein Schicksal euren Taten eng verbunden.
Durch euch gehn jene beiden Wahrheitssucher
Für alle Zukunft meinem Reich verloren.
Ich muss die Seelen an die Brüder überliefern.»

Im Märchen wird ein äußerer Vorgang beschrieben. Der gemischte König wird zum Klumpen, die Irrlichter bleiben, wie sie sind, zwei gleiche Flammen. Retardus muss auf sein Amt verzichten; Capesius und Strader bekommen aber hier eine Perspektive zur Weiterentwicklung. Dies sind innere Vorgänge.

In der Funktion des Benedictus findet das Mysteriendrama eine Fortsetzung und nicht mehr eine reine Übersetzung des Märchens. Bildhaft gesprochen sehen wir den goldenen König hervortreten aus dem Tempel, um eine Gruppe von Menschen in ihrer Suche nach der Geisteswissenschaft zu begleiten. Das alte Wissen des Alten bleibt zurück im Wald, in der Hütte von Felix, ist immer noch wirksam, aber nicht mehr führend. Im 5. Bild, im Felsentempel, hören wir von Benedictus selbst, dass seine Funktion als Hierophant eine andere ist als die seiner Brüder Theodosius und Romanus:

> «Mein Wort, es ist aus mir allein;
> Durch euch ertönen Weltengeister.»

Theodora ist eine Seherin, ihr Name bedeutet Gottesgabe. Auf der Erde vermag Theodora in die Zukunft zu schauen, sie ist als Christuskünderin zu betrachten. Dies ist der Inhalt ihrer Rede im 1. Bild, im Empfangszimmer.

Im 7. Bild, dem Geistgebiet oder auch Devachan genannt, erscheint Theodora als geflügeltes Wesen. Wir erkennen in ihr den Habicht wieder, diesen lichtverwandten, sonnenverwandten Vogel, der das Licht des Himmels, der Sonne, zu spiegeln vermag.

Als Theodora erscheint, «drängt es sie zu sprechen», und daraufhin schaut sie in die Vergangenheit. Sie «liest» im oben genannten Bild das Karma Marias aus einem Lichtesschein, der aus deren Stirn leuchtet. In diesem Lichtesschein finden wir eine Metamorphose vom Bild des letzten Sonnenlichtes, das vom Habicht aufgefangen wird.

In dieser Szene erfahren wir ebenfalls von der Verbindung zwischen Maria und dem Kind. Wir schauen mit Theodora zurück in die hybernischen Verkörperungen von Johannes, Maria und dem Kind. Maria wird da sichtbar als Christusbote, Johannes als derjenige, der sich mit dem Christusboten verbinden will, und das Kind als widerstrebender, hasserfüllter Heide. Rudolf Steiner wollte für das Kind ein gelbes Kleidchen mit einer Federandeutung. Der kleine Kanarienvogel flog an Liliens Busen, und so schmiegt sich das Kind an Marias Seite.

In der obengenannten Schau der Theodora spricht Maria als Christusbote in Hybernia:

> «Ich kann erkennen dieses Herz;
> In jenem Kinde schlägt es wieder,
> Das sich an deine Seite schmiegt.
> Es spricht zu ihm der Christusbote
> Dein Schicksal will es nicht,
> Dass du mir nahst in diesem Leben;
> Doch warte ich geduldig,
> Dein Weg, er führt dich doch zu mir.»

Im Märchen ist die entsprechende Szene die, wo der Kanarienvogel Schutz suchend sich an die Brust Liliens schmiegt und dadurch sterben muss. In diesen Bildern haben wir es mit der Vergangenheit von Maria, Johannes und dem Kind zu tun. Im *Märchen* ist es das *letzte* Sonnenlicht, das hoch in der Luft die Federn des Habichts purpurrot färbt, die letzten Sonnenstrahlen werden von seiner Brust aufgefangen.

Theodora ist die Letzte, die im 11. Bild, im Sonnentempel, spricht und das Schicksal Straders vorausschaut. «Die Pforte der Einweihung» endet dort. Wiederum ist die Rede von einem Licht, einem Lichtesschein. Diesmal entspringt dieser Strahl nicht der Stirn, sondern er entschwebt aus dem Herzen Straders. Der Habicht erscheint ebenfalls am Schluss des Märchens. Da fliegt er hoch über den Tempel, das Sonnenlicht mit dem Spiegel auffangend und es über die am Altar stehende Gruppe ausbreitend. Das dämmernde Gewölbe des Tempels wird von einem himmlischen Glanz erleuchtet.

Es gibt noch eine andere Beziehung zwischen Johannes/dem Jüngling und Theodora/dem Habicht. Waren doch Johannes und Theodora leibliche Geschwister in ihren mittelalterlichen Inkarnationen.

Der *Geist der Elemente* ist die Metamorphose des *Fährmanns.* Wir begegnen ihm im 4. Bild, in einer Landschaft, die die Seelenwelt ausdrücken soll. Zuerst sprechen die beiden Wesenheiten Luzifer und Ahriman, und deren Worte sind an Johannes gerichtet. Immer wieder ist dabei zu bedenken, dass die Bilder Inhalte von Johannes' Meditation sind. Es tritt anschließend der Geist der Elemente mit Capesius und Strader auf, die er aus den Erdentiefen zur Erdenoberfläche gebracht hat. Er spricht:

«So seid ihr denn am Orte,
Den ihr so heiß ersehnt.
Es machte mir gar schwere Sorge,
Den Wunsch euch zu erfüllen.
Im wilden Sturme rasten
Die Elemente und die Geister,
Als ihr Bereich betreten
Ich musst' mit eurem Wesen;
Es widerstrebte eurer Sinn
Dem Walten meiner Kräfte.»

Es ist dieselbe Sehnsucht, die die beiden Irrlichter hatten, um zu Liliens Welt zu kommen. Man kann die Mühe des Fährmanns wiedererkennen, um mitten in der stürmischen Nacht die beiden Irrlichter hinüberzusetzen.

Die Worte des Geistes der Elemente werden begleitet von Blitz und Donner. Dann fordert er seinen Lohn, genauso wie der Fährmann es tat. Es lohnt sich, diese Reden und Widerreden mit dem Gespräch zwischen dem Fährmann und den Irrlichtern zu vergleichen. Die Übereinstimmung ist hier stark, und dadurch wird in schönster Weise erlebbar, wie Rudolf Steiner die konkreten, realen Gegenstände in innere, seelische Kräfte transformiert. Nur ein Beispiel dafür: Die Goldstücke, die die Irrlichter als Lohn für den Fährmann in den Kahn werfen, werden zu seelischen Kräften, die Capesius als ‹Lohn› anbietet:

«Ich will aus meiner Seele schaffen
Der Dinge geistig Ebenbild.
Und wenn Natur, zu Idealen
Verklärt, ersteht in Menschenwerken,
Ist sie belohnt genug
Durch ihre echte Spiegelung.»

Weil Capesius und Strader genauso wie die beiden Irrlichter nicht imstande sind, die Schuld abzutragen, so soll «die Frau» bezahlen. Diese Begegnung findet dann im 6. Bild statt, wo Felicia aufgerufen wird, als Bezahlung ein Märchen zu erzählen. Auch hier ist die Übereinstimmung mit dem Dialog zwischen der Alten und dem Fährmann sehr genau nachzuvollziehen. Ein Beispiel:

Frau Balde:

«Es ist nicht meine Art,
Zu weigern, was ich *soll;*
Doch sage mir zuerst,
Ob Nachteil mir erwächst
Aus meinem Lebensdienst.»

Der Geist der Elemente antwortet:

«Was du auf Erden erst für sie getan,
Es raubte deinem Kinde seine Lebenskraft.
Was du nun ihrem Geiste gibst,
Ist dir im eignen Selbst verloren;
Und dein Verlust an Lebenskraft
Wird an dem Leib sich dir
Als Hässlichkeit erweisen.»

Neu ist hier, dass der Geist der Elemente Felicia eine schöne Perspektive bieten kann, die die Alte noch nicht erfahren durfte. Es ist die Übereinstimmung mit dem Verjüngungsbad im Fluss.

Der Geist der Elemente:

«Doch wirkst du zu der Menschen Heil
Und auch für eignes Glück.
Der Mutter Schönheit und des Kindes Leben,
Sie werden euch in höherer Weise blühen,
Wenn in den Menschenseelen
Die neuen Geisteskräfte keimen.»

Das erwähnte namenlose *Kind* verlor die Lebenskraft durch die Besuche des Professor Capesius. Wir finden den *Mops* wieder, der den Tod dadurch fand, dass er die abgeschüttelten Goldstücke von den Irrlichtern gefressen hatte. Er wird zum glänzenden Edelstein. Im Namen Berta, der Tochter Kühnes in der mittelalterlichen Rückschau des zweiten Dramas «Die Prüfung der Seele», knüpft Rudolf Steiner diesen Faden wieder an. Berta heißt so viel wie strahlend, glänzend.

In *German, dem Geist des Erdgehirns,* finden wir den metamorphosierten *Riesen* wieder. German ist – wie die Freundinnen der Maria, Philia, Astrid und Luna – eine Gestalt, die nur im Empfangsraum, im 1. Bild, als Person vorkommt. Da ist er jemand, der das Geisteslicht ohne sein Zutun empfängt, wie von selber ist es ihm gekommen. Wir sehen darin eine Spiegelung zu den Schattenkräften des Riesen. Dann finden wir ihn wieder als Geist des Erdgehirns, im Spott sein Handwerk übend. Die Schuld, die die beiden Irrlichter abzutragen hatten, namentlich die drei mal drei Früchte der Erde, ist metamorphosiert in Felicias Märchen. Felicia muss selber nun vor dem Geist der Elemente erscheinen, und da verspottet German in Gestalt des Erdgehirns dieses Märchen, indem er es entstellt. Er muss dieses Handwerk üben. Das ist die Parallele zum Riesen: er griff mit dem Schatten in den Korb der Alten und nahm drei Früchte daraus ...

Zusammenfassend entdecken wir in diesen Vergleichen, wie Rudolf Steiner das rätselvolle Märchen mit seinem grandiosen Bild des zukünftigen Menschenwesens in ein Drama mit sich mächtig entfaltenden Bildern erhebt. Die sich verwandelnden Märchengestalten werden zu sich entwickelnden Individualitäten. Konkrete Attribute aus dem Märchen werden zu inneren Qualitäten, zu seelisch-geistigen Kräften. Abbilder der menschlichen Qualitäten werden zu Vorbildern von Entwicklungswegen. Und, wie paradox dies auch klingen mag, diese Erhebung ist zu gleicher Zeit eine Vertiefung, das Ganze rückt näher an die Erdenwirklichkeit heran.

3. Die Räume

Die physischen Räume sind nicht, was sie scheinen, das gilt sowohl für das «Märchen» wie für die «Pforte der Einweihung». Die Landschaften, die Tempel, die Hütten, das Flussufer, ja, sogar das Empfangszimmer zeigen uns Wege zum tieferen Verständnis dessen, was sich darinnen abspielt – wenn man sie näher betrachtet, wenn man sie hinterfragt. Ausgenommen davon ist selbstverständlich das Zimmer der Sophia im Vor- und Zwischenspiel. Diese beiden Bilder spielen sich in der Alltagswelt ab und möchten uns auf die Art, wie man das Drama aufnehmen kann, vorbereiten. In der Goetheanum-Inszenierung werden diese beiden Szenen auf dem Proszenium gespielt.

Wiederum mit vergleichender Methode steigen wir bei diesem Thema ein. Dabei ist zu unterscheiden, ob sich die Räume draußen befinden, ob es Innenräume oder aber auch ‹Zwischenräume› sind. Hier gibt es in Rudolf Steiners Entwürfen ebenso eine starke Anlehnung an das Märchen. Der Aufbau der Bilder ist dort zwar noch ein anderer, aber man kann deutlich erkennen, auf welche Märchen-Bilder die Räume des Dramas sich beziehen. So spielt sich zum Beispiel das 7. Bild, das Geistgebiet, noch im paradiesischen Garten Liliens ab. (GA 44, S. 15) Da diese Entwürfe nicht datiert sind, wissen wir nicht, wie viel Zeit zwischen ihnen und der endgültigen Fassung des Dramas liegt. Aber wie bei den Namen der Figuren ist festzustellen, dass es eine Zwischenstufe gegeben hat, bevor Rudolf Steiner das Märchen vollständig in das Drama übersetzt hatte.

Das Empfangszimmer und das Flussufer

Das Empfangszimmer im 1. Bild der «Pforte der Einweihung» ist in der Wirklichkeit des Dramas ein Vorraum des Zweigraums. Maria ist die Gastgeberin, eine Art Zweigleiterin also. Benedictus, der Geisteslehrer, hat gerade einen Vortrag gehalten. Allmählich kommen alle Figuren des Dramas in diesen Vorraum außer dem Geist der Elemente und dem Kind. Die Figuren treten dabei nach und nach auf. Es fällt auf, dass alle Figuren, die später im weiteren Verlauf des Dramas als Wesen auftreten, dort Personen, inkarnierte Menschen sind. So sind die drei Seelenkräfte der Maria anwesend als

Marias Freundinnen, mit denselben Namen. Diese Seelenkräfte sind ausschließlich im Empfangszimmer als Freundinnen der Maria erlebbar. Auch die Andre Maria erscheint nur dort als Person, sonst begegnen wir ihr in der «Pforte der Einweihung» ausschließlich als Felsenwesen. Luzifer kommt in Gestalt der Helena, Ahriman ist als Büste anwesend. Ganz so wie Rudolf Steiner von dieser Wesenheit spricht: er ist in den Dingen.

Die Szene wird, abgesehen von dem intimen Gespräch zwischen Maria und ihrem Freund Johannes Thomasius, von Philia, einer Freundin Marias, eröffnet. Sie beschreibt uns die Situation.

> «Es war, als ob ein ganzer Chor
> *(Regie-Anweisung: Es treten Professor Capesius*
> *und Doktor Strader ein)*
> Aus Meinungen und Gesinnungen
> Zusammentönte in dem Kreise,
> Der eben uns vereinte.
> Der Harmonien gab es viele,
> Doch auch so manche herbe Dissonanz.»

Der Satz ist beschreibend und in der Vergangenheitsform gehalten. Fast so wie am Anfang eines Märchens: «Es war einmal ...» Hier hat es wie in der Nacht am Fluss im «Märchen» stürmisch gewütet, es sind allerdings innerseelische Stürme, womit wir hier konfrontiert sind. Die Menschen, die nach und nach in diesen Raum eintreten, reagieren alle mit ihren jeweils eigenen starken Gefühlen auf den soeben gehörten Vortrag.

Wir hören im Lauf dieser Szene von den Menschen viele wichtige Lebensmotive, heute würde man sagen, wir lernen ihre Biografien kennen. Abstrakt formuliert hören wir von Vergangenem, ausgelöst vom Gegenwärtigen.

Erinnern wir uns nun an den Anfang von Goethes Märchen:

«An dem großen Flusse, der eben von einem starken Regen geschwollen und übergetreten war, lag in seiner kleinen Hütte, müde von den Anstrengungen des Tages, der alte Fährmann und schlief. Mitten in der Nacht weckten ihn einige laute Stimmen.»

Es sind die Stimmen von zwei Irrlichtern, die über den Fluss gesetzt werden wollen. Sie haben große Eile, so schnell, wie es nur geht, wollen sie zur schönen Lilie gelangen. Ein schriller Kontrast zu dem vollen, langsamen Bewegungsstrom des Eröffnungssatzes des Märchens! Das Auftreten dieser Irrlichter ist im ersten Mysteriendrama zur Regieanweisung von Rudolf Steiner geworden. Professor Capesius und Doktor Strader treten während der Rede von Philia ein. Die beiden Herren, die nun auftreten, sehnen sich ebenfalls nach der ‹Lilie›, das heißt hier so viel wie, dass sie den Weg zum Geistigen finden wollen. Sie sind aber ‹irritiert› von Benedictus' Worten, deren Inhalt nicht recht zu ihrem Denken und Fühlen passt. Auch sie, wie die Irrlichter, merken noch nicht, dass sie sich eigentlich schon am richtigen Ort befinden.

Die Übereinstimmung beider Einführungen ins Geschehen ist in vielerlei Hinsicht frappierend. Sie haben beide einen ruhigen, dahinfließenden Erzählstrom. Eingeteilt sind sie in jeweils sechs Motive, und wenn man sie zum Klingen bringt, bemerkt man, dass sie im Sprachstrom die gleiche Länge haben.

Die jeweils sechs Motive nebeneinander:

An dem großen Flusse,	Es war, als ob ein ganzer Chor
der eben von einem starken Regen	aus Meinungen und Gesinnungen
geschwollen und übergetreten war,	zusammentönte in dem Kreise,
lag in seiner kleinen Hütte,	der eben uns vereinte.
müde von den Anstrengungen des Tages,	Der Harmonien gab es viele,
der alte Fährman und schlief.	doch auch so manche herbe Dissonanz.

Das Flussufer ist ein Grenzbereich, im «Märchen» formt es die Grenze zwischen Liliens Reich und der Erdenwelt. Marias Empfangszimmer kann man auch als einen Grenzbereich betrachten. Die Figuren des Dramas sprechen alle von ihren Lebensfragen, ausgelöst durch die Worte von Benedictus, und Lebensläufe ‹strömen› vorbei, wie der Fluss im «Märchen». Die Figuren befinden sich nach dem gehörten Vortrag von Benedictus in einem Grenzgebiet zwischen ihren geistigen Erlebnissen und dem Alltag.

Für den weiteren Vergleich der Räume des «Märchens» und der «Pforte der Einweihung» brauchen wir zuerst den Überblick über die Bilder des Dramas in ihrem Zeitverlauf.

4. Aufbau der Bilder

Die Bilder im «Märchen» und in «Die Pforte der Einweihung» finden in den verschiedensten Räumen statt. Nun sind diese Räume an sich wiederum Bild für etwas, wie bei der Betrachtung des Empfangszimmers deutlich wurde. Sie sind sinnlich und doch auch nicht.

Zuerst schauen wir schematisch auf die Bilder und deren Reihenfolge im ersten Mysteriendrama. Daneben sehen wir die entsprechenden Räume des «Märchens».

Pforte der Einweihung		*Märchen*
Vorspiel	*Zwischenspiel*	
1 Empfangsraum	8 Empfangsraum	Flussufer
2 Gegend im Freien	9 Gegend im Freien	Lebensraum der Schlange
3 Meditationszimmer	10 Meditationszimmer	Hütte der Alten
4 Landschaft	6 Landschaft	Flussufer
5 Felsentempel	11 Sonnentempel	unterirdischer und oberirdischer Tempel
7 Geistgebiet		Liliens Garten

In den elf Bildern des Dramas fallen sofort die räumlichen Spiegelungen auf. Es ist aber ein etwas komplexerer Spiegelungsvorgang. Das 7. Bild, das Geistgebiet, steht für sich, wird nicht gespiegelt und formt im Drama eine Mitte, wenn auch keine exakte. Es bildet Abschluss und Umwandlung des ganzen Geschehens zu gleicher Zeit. Wenn wir nach dem Zwischenspiel wieder im Zimmer des 1. Bildes sind, finden wir dort eine Staffelei vor. Es ist einige Zeit vergangen, Johannes hat inzwischen drei Jahre geübt und die ersten Früchte seines Übens werden anhand eines Porträts von Professor Capesius sichtbar.

Das 2. Bild spiegelt sich im 9. Bild. Es sind Erlebnisse von Johannes in der Meditation und seine Auseinandersetzung mit Vergangenheit und Zukunft, inspiriert von den Widersachern Ahriman und Luzifer. Im 2. Bild bedrückend, im 9. Bild beflügelnd. Die Landschaft ist beide Male eine Gegend im Freien. Es gibt dort Felsen und Quellen; Hartes und Festes sowie Weiches und Strömendes. Weil die ganze Szene in der Seele des Johannes zu denken ist, dürfen wir annehmen, dass diese Qualitäten auch in Johannes selbst zu finden sind. Er begegnet sich selbst, bis in seine eigene Leiblichkeit hinein.

Im 3. und im 10. Bild sind wir in einem Meditationszimmer. Diese Spiegelung ist anders als die vom 2. und 9. Bild. Zum einen ist das Geschehen kein Meditationsinhalt als solcher; reale, dramatische Vorgänge spielen sich ab. Und es treten hier auch mehrere Figuren auf: Maria, Johannes, Benedictus und das Kind im 3. Bild. Im 10. Bild dann Johannes, Benedictus, Theodosius, Luzifer und Ahriman. Im 3. Bild ist das Schicksal von Maria der zentrale Inhalt, im 10. das von Johannes. In beiden Bildern werden große Einsichten erworben.

Die nächste Spiegelung ist zwischen dem 4. und 6. Bild. Bilder also, die ganz kurz aufeinander folgen. Hier treffen wir auf eine Landschaft, die durch ihre Eigenart den Charakter der Seelenwelt ausdrücken soll. Im 4. Bild treten als Erstes die Widersacher auf, später der Geist der Elemente, Capesius (verjüngt), Strader (gealtert) und zuletzt die Andre Maria als Felsenwesen. Im 6. Bild sind die agierenden Figuren wiederum der Geist der Elemente, dann Felicia Balde und zuletzt German, der Geist des Erdgehirns. Wie im 2. und 9. Bild sind beide Bilder Inhalt der Meditationen, in die Johannes jeweils versunken ist.

Das 5. und 11. Bild sind die zwei Tempelbilder – im 5. Bild der Felsentempel, im 11. Bild der Sonnentempel. Der Felsentempel ist unterirdisch und wird von Rudolf Steiner als eine verborgene Mysterienstätte der Hierophanten Benedictus, Theodosius, Romanus und Retardus benannt. Im Weiteren treten hier Felix Balde und die Andre Maria auf, Johannes meditiert im 5. Bild wiederum. Im 11. Bild sind zuerst Retardus mit Professor Capesius und Doktor Strader im Sonnentempel anwesend, der nun zwar oberirdisch, aber immer noch die verborgene Mysterienstätte der Hierophanten ist. Dann treten auf: Benedictus mit Luzifer, Ahriman, dahinter Johannes und Maria. Es folgen Theodosius, Romanus, die Seelenkräfte der Maria, Felix und Felicia Balde, die Andre Maria und zum Schluss Theodora. Dieses Bild versammelt die ganze Schicksalsgemeinschaft und bildet den Abschluss des ersten Dramas.

Wie steht nun dieser Spiegelungskomplex in Zusammenhang mit dem Ablauf des Märchens? Im Märchen haben wir es mit einer fortlaufenden

Erzählung zu tun. Es gibt keine Einteilung in Bilder. Das Auf- und Untergehen der Sonne bestimmt die Szenerie und doch sind im Märchen auch die verschiedensten Räume und Landschaften beschrieben, die alle ihre eigenen aufzuschlüsselnden Qualitäten haben.

Wenn man etwas forciert zu einer Bildeinteilung kommen möchte, so sind es auch elf Bilder. Forciert, weil die Gestalten im Märchen sich in einer fortwährenden Bewegung befinden und deswegen die Raumwechsel fließend sind. Zwischen den elf Bildern der «*Pforte der Einweihung*» aber gibt es keine Übergänge, die Bilder stehen nebeneinander. Lassen Sie uns trotzdem eine Entdeckungsreise durch das Märchen machen. Halten wir an den verschiedenen Orten und Stationen an, um zu erfahren, wie Rudolf Steiner diese Räume in seinem Drama metamorphosiert hat.

Das Empfangszimmer im Vergleich zum *Flussufer* haben wir betrachtet. Das ist der erste Ort im Märchen.

Dann folgt die Kahnfahrt des Fährmanns mit den zwei Irrlichtern. Nach dem Ufer sind wir nun *auf dem Fluss.* Wenn die Irrlichter ausgestiegen sind, bleibt der Fährmann auf dem Fluss, um das Gold weiter stromabwärts in einer Felsritze zu versorgen.

In diesen *Felsritzen* wohnt die grüne Schlange, der dritte Ort. Nachdem sie das Gold gefressen hat und leuchtend und durchsichtig geworden ist, bewegt sie sich zu dem *feuchten Ried,* wo die Irrlichter hin und her hüpfen. Dort begegnen sie einander, dies ist der vierte Ort.

Die Schlange geht daraufhin ihrer Neugierde nach und bewegt sich zum fünften Ort, *dem unterirdischen Tempel.* Es finden die wichtigen Gespräche mit dem goldenen König und etwas später mit dem Alten mit der Lampe statt.

Der Alte und die Schlange verlassen diesen Ort. Wir folgen dem Alten, der zu seiner *Hütte* an der Felswand zurückkehrt, wo er seine Frau in größter Betrübnis antrifft. Die Hütte, der sechste Ort, wurde von den Irrlichtern besucht. Alles Gold haben sie von den Wänden heruntergeleckt. Nachdem die Alte alles, was geschehen ist, erzählt und bereit ist, die Schuld der Irrlichter zu bezahlen, macht sie sich am nächsten Morgen auf den Weg zum Fährmann, hat ihre unglückliche Begegnung mit dem Riesen und kommt am *diesseitigen Flussufer* beim Fährmann an, der gerade den Jüngling herübergeschifft hat. Dies ist der siebte Ort. Dann gehen die Alte, mit dem toten Mops, der Jüngling und die zwei Irrlichter über die Schlangenbrücke, um zu *Liliens Garten* zu gelangen. Der achte Ort ist diese wunderbare, aber unfruchtbare Gegend der Schönen. Das Drama entfaltet sich: der Jüngling stürzt sich in den Tod und alle Kräfte sind vonnöten, um seinen endgültigen Tod aufzuhalten. Alle Mitglieder der Gemeinschaft sind schlussendlich versammelt; der Jüngling, die schöne Lilie, die drei Mädchen, die Alte, der Alte, die Schlange und die Irrlichter. Der nächste Weg ist der der ganzen Gemeinschaft über die Schlangenbrücke. Im Freien, wiederum am Flussufer, wird der Jüngling durch das Opfer der Schlange wiederbelebt. Es ist der neunte Ort. Die Gemeinschaft bewegt sich dann zum *unterirdischen Tempel* und tritt durch die Pforte in den zehnten Ort ein. Der letzte Gang der ganzen Gruppe, diesmal auch mit den Königen, ist die sonderbarste Bewegung des ganzen Märchens: der Tempel bewegt sich, fährt unter dem Fluss durch und steigt dort wieder auf, wo die Hütte des Fährmanns gestanden war. Wir sind beim Ausgangsort des Märchens angelangt. Der elfte und letzte Ort: der *oberirdische Tempel* wird nach der Initiation des Jünglings von der Sonne beschienen …

Wenn man auf diese Stationen schaut, so finden wir dort durchgehend die Orte, die das Zuhause von unseren Märchengestalten sind. Der Fährmann bewohnt seine einfache Hütte aus Holz, die Alten bewohnen ihre Hütte mit den goldenen Wänden am Fels, die Schlange wohnt in den dunklen Felsritzen, die Lilie wohnt in ihrem schönen, aber unfruchtbaren Garten. Das ständige Bewegen, hin und her über den Fluss, wird von Goethe immer wieder *beschrieben,* an den Stationen findet dann sprachlich direkte Rede statt. Dem Drama entsprechend ist in der *Pforte der Einweihung* alles direkte Rede, und Bewegungen im Sinne von Ortsveränderungen gibt es kaum.

Die Hütten, Felsritzen und Gärten verraten uns etwas über das Wesen dieser Gestalten. Sie werden alle von Goethe in ihren sinnlichen Substanzen und Farben ausführlich beschrieben. Die Gestalten des Märchens sind im wahren Sinne des Wortes Grenzgänger. Sie bewegen ihre Glieder fortwährend durch den Raum. Diese Bewegungen sind aber von den verschiedensten Motivationen gespeist: ungeduldiger Sehnsucht, Pflicht, Neugierde, Berufung, Notwendigkeit, Gehorsam, Gewohnheit, Opferbereitschaft usw.

Diese Bewegungsfülle fehlt im Drama ganz und gar. Außerdem sind die Räume in der *Pforte der Einweihung* fast abstrakt und karg zu nennen. Es gibt da, abgesehen von den beiden Tempelbildern, nur den Empfangsraum und das Meditationszimmer, worin sich die Handlung des Dramas abspielt. Und diese Räume sind auch nur die Hüllen für die seelisch-geistigen Vorgänge, die darinnen stattfinden. Auch die Landschaften im 2. und 9. Bild sind ja innerhalb von Johannes' Seele zu denken.

Das Gebiet des Geistes im 7. Bild, dem Pendant zu Liliens Garten, der unglaublich reich von Goethe dargestellt wurde, wird auf keinerlei Weise im Drama ‹äußerlich› beschrieben. Es gibt dort nichts Sinnliches! Eine wahre Herausforderung für den Bühnenbildner. Und nicht nur für ihn, auch die DarstellerInnen des Dramas haben es mit recht statischen Bildern zu tun, denn die dramatische Handlung spielt sich im Inneren ab und wird kaum von einem äußeren Vorgang unterstützt. Und nicht zuletzt sind auch die Zuschauer aufgefordert, ohne sinnlichen Halt der dramatischen Handlung zu folgen ...

Es kann zu einer fruchtbaren Übung werden, wenn wir versuchen, selbst die Bewegung von einem Bild zum anderen zu schaffen. Es kann helfen, Fragen zu stellen wie: «Wie findet Johannes den Weg zum Geistgebiet?» Oder: «Wie ist der Felsentempel zum Sonnentempel geworden?» Sich selber solche Wege, Brücken, zu bauen, kann uns tiefer in die Substanz des Dramas hineinführen. So üben wir seelische Bewegungen, ganz dem Drama entsprechend.

Der unterirdische Felsentempel im 5. Bild ist die verborgene Mysterienstätte der Hierophanten. Dort sind Benedictus im Osten, Theodosius im Süden, Romanus im Westen und Retardus im Norden. Felix Balde und die Andre Maria treten zusammen auf; Felix in seiner irdischen Gestalt, die Andre Maria in Seelenform aus dem Felsen.

Wir haben als Zuschauer unmittelbar alle vier Hierophanten vor uns, den Raum geordnet in den vier Himmelsrichtungen, und es entfaltet sich ein Gespräch zwischen den vier Gestalten. Felix und die Andre Maria treten während der Rede vor Romanus auf.

Im unterirdischen Tempel des Märchens, ebenfalls die fünfte Station, fehlt uns diese unmittelbare Orientierung. Wir sehen den Raum durch die Augen der Schlange. Sie ist durch ihr eigenes Licht imstande, den ihr am nächsten stehenden König, den goldenen, in seiner Nische wahrzunehmen. In der nächsten Nische sitzt der silberne König, den sie auch noch wahrzunehmen vermag. Den dritten, den ehernen König sieht sie erst, als das Licht der Lampe des Alten im Tempel erscheint. Der Alte tritt ein, nachdem die Schlange mit dem goldenen König gesprochen hat, und der vierte König steht in der größten Entfernung. Eine andere Raumorientierung, weniger klar, und ausgedrückt durch die Entfernungen. Ein weiterer Unterschied ist, dass das geflüsterte vierte Geheimnis der Schlange verborgen bleibt, von der Andren Maria aber in aller Klarheit ausgesprochen wird. Johannes fasst zum Schluss des 5. Bildes zusammen, was er in seiner Meditation erlebte:

> «Es zeigten sich dem Seelenauge
> Die Brüder in dem Tempel.
> Sie glichen an Gestalt den Menschen,
> Die ich im Sinnenschein schon kenne.
> Nur Benedictus auch an Geist.
> Der ihm zur Linken stand,
> Ist jenem Manne gleich,
> Der nur durch Fühlen sich dem Geiste nähern will.
> Der dritte glich dem Menschen,
> Der nur in Kurbeln und im äußern Werk
> Die Lebensmächte gelten lässt.
> Der vierte ist mir unbekannt.
> Die Frau, die nach des Gatten Tod
> Dem Geisteslicht sich zugewandt,
> Ich sah sie hier in ihrem tiefsten Wesen.
> Und Felix Balde kam,
> Wie er im Leben ist.»

Trotz großer Verwandtschaft der beiden Tempelbilder in Besetzung und Ablauf bemerkt man, dass unser Bewusstsein als Zuschauer im 5. Bild des

Dramas ganz anders gefordert ist, als wenn wir in den geheimnisvollen Märchenerzählstrom eintauchen dürfen.

Noch stärker wird dies erlebbar, wenn wir die beiden letzten Tempelbilder miteinander vergleichen. Im Sonnentempel sind alle Gestalten versammelt, Luzifer und Ahriman, die Andre Maria sprechen. Der Weg von Johannes und Maria findet einen vorläufigen Abschluss, aber die Einweihung von Johannes vollzieht sich hier noch nicht.

«Wenn wir zurückblicken auf die *Pforte der Einweihung,* haben wir Johannes sozusagen erlebend die höhere Welt. Aber wie erlebt er sie? Man darf wohl sagen: Wenn man nur diesen Teil der Dramen nimmt, *Die Pforte der Einweihung*, und betrachtet darin Johannes Thomasius, so kommt er da eigentlich nicht besonders weit. Er kommt nicht weiter als zu dem, was man nennen kann imaginative Seelenerlebnisse mit all ihren Einseitigkeiten und Fehlern. Alles, was da dargestellt ist, sind subjektive Erlebnisse ... Über diese Stufe kommt Johannes in *Die Pforte der Einweihung* nicht hinaus.» (GA 147, Vortrag vom 30. August 1913)

Im Märchen wird der Jüngling in drei Stufen eingeweiht und mit den Attributen der drei Könige ausgestattet, um sein Amt als neuer König anzutreten. Die Vermählung mit der Lilie kann sich vollziehen. Draußen strömt der Fluss und über diesem ist die Brücke erbaut, die zum Tempel führt. Das ganze Bild ist ein eindeutiger Abschluss und Neubeginn zu gleicher Zeit. Die Einweihung des Jünglings in dieser Gestalt kommt so in den Dramen nicht vor. Der Weg des Johannes setzt sich in den nächsten Dramen fort und handelt vom Abtragen des Karmas.

Im Jüngling haben wir noch immer ein Abbild des strebenden Menschen.

Dieser dreistufigen Einweihung werden wir aber wieder begegnen, wenn wir im dritten Teil des Buches die *Worte der Grundsteinlegung* betrachten.

Das 11. Bild, der Sonnentempel, ist Keim für das zweite Drama, die *Prüfung der Seele,* wo die weiteren Schicksale sowohl von Professor Capesius als auch Doktor Strader schon anklingen.

Zusammenfassend sehen wir, dass die Außenwelt, die sinnlich dargestellte Welt des Märchens, im Mysteriendrama zur Innenwelt wird. Räume auf dem physischen Plan werden zu Seelenräumen. Und doch stimmt das so nicht ganz. Das Drama ist ein Kunstwerk, das durch die Sinne aufgenommen werden will. Es braucht Räume für die Darstellung, und das ist ein Problem. Die Darsteller, EurythmistInnen, Regisseure, Bühnenbildner, Kostümbildner, Beleuchter haben die Aufgabe, eine Lösung dafür zu finden. Wie ‹kleidet› man die geistige Welt so, dass sie erlebbar werden kann? Vorläufig wäre dieses Problem so zu formulieren: es wird eine sinnliche Welt im Märchen beschrieben, die eine geistige Wirklichkeit verbirgt. Im Drama wird die geistige Wirklichkeit selbst dargestellt, mit Hilfe von Bildern aus der Sinneswelt. Bei der Besprechung der Grundsteinmeditation werden wir dann sehen, dass wir es dort eigentlich nur mit dem reinen Innenleben zu tun haben. Im Drama findet ein Wechselspiel zwischen innen und außen statt, zwischen den sich entwickelnden Individualitäten und der Welt.

Das Ende des Märchens zeigt ein vollkommenes Bild der zukünftigen Menschheit. Der Tempel ist für jeden zugänglich, die Brücke ist gebaut und wird sich selbst erhalten. Der neue König ist mit seiner geliebten Lilie verbunden, alt wurde jung, und sogar der Riese hat eine neue Aufgabe bekommen. Das Volk ist unterwegs ... Unser Blick ist nach vorne gerichtet und wir stehen draußen. Das Märchen ist fertig. Eine reife Frucht!

Das Drama endet still, im Innenraum des Tempels, mit einem Hoffnungsschimmer von Theodora. Das Drama ist Keim für weitere Entwicklungen jeder Individualität aus der Schicksalsgemeinschaft.

5. Nochmals: die Zeit

Der Fluss, Ahriman und Luzifer

Ganz unten in der Auflistung der Figuren vom *Märchen* und der *Pforte der Einweihung* stehen Luzifer und Ahriman; die Wesen, die nicht im *Märchen* vorkommen. Dagegen spielt im Märchen der Fluss eine wichtige Rolle, der wiederum nicht in der *Pforte der Einweihung* vorkommt. Oder doch? Gibt es hier einen Zusammenhang?

Die Anwesenheit von Ahriman (sein Kopf als Statue) und Luzifer (als Helena) im Empfangsraum hat mich veranlasst, dieser Frage nachzugehen. Ich werde sie an dieser Stelle behandeln und uns nochmals das Zeitkreuz von Rudolf Steiner vor Augen führen. Wer in die geistigen Wirklichkeiten einzudringen vermag, begegnet den beiden Widersachern. Wir müssen erkennen und erleben lernen, wie sie in uns wirksam sind. Dieses Bewusstsein bildet die Brücke über den Fluss, der die Sinneswelt von der geistigen Welt trennt. Da kommt uns heute keine Schlange, kein Fährmann oder Riese zu Hilfe. Einen Zugang zum Verständnis bietet uns aber die Beziehung zur Zeit.

Ich

|

Vergangenheit —— Fluss —— Zukunft
Ahriman *Zeit* *Luzifer*

|

physischer Leib

Wir leben mit der Zeit als Menschen auf Erden so, dass wir sie in Vergangenheit, Gegenwart und Zukunft unterteilen. Wir erleben die Zeit durchgehend linear, oder auch zyklisch in den Rhythmen der Jahreszeiten.

In der geistigen Welt gibt es die Zeit nicht. Wir können von Dauer oder auch von Ewigkeit sprechen, um dem Unterschied mit der irdischen Zeit einen Namen zu geben.

Nun sind wir in Bezug auf das Erleben der Zeit einem großen Irrtum verfallen. Rudolf Steiner führt das in einem Vortrag aus dem Zyklus «Die Wissenschaft vom Werden des Menschen» (GA 183, Vortrag vom 2. September 1918) aus. Er versucht uns diesen Irrtum am Vergleich mit unserem normalen Raumerleben klarzumachen.

Wir haben alle gelernt, den Raum perspektivisch wahrzunehmen. Wenn wir eine Allee zeichnen, so zeichnen wir die entfernten Bäume kleiner als die vorderen, aber daneben. Das können wir nicht in der Wahrnehmung der Zeit. Im Raum schreite ich vorwärts und lasse die Bäume hinter mir. Weil wir uns selbst in der Zeit weiterentwickeln, bemerken wir die Perspektive der Zeit nicht – wir nehmen sie mit!

Nun führt Rudolf Steiner aus, wie ahrimanische Kräfte aus der Vergangenheit in die Gegenwart und luziferische Kräfte aus der Zukunft in die Gegenwart hineinwirken. Weil wir uns in Bezug auf die Zeit täuschen, haben diese geistigen Wesenheiten die Möglichkeit, in unser Seelenleben in der Gegenwart hineinzuwirken. An anderer Stelle spricht Rudolf Steiner von diesen Wirksamkeiten in Bezug auf Vergangenheit und Zukunft anhand des Begriffspaars Vorstellungen und Begehrungen. Er wirft in dem Vortrag vom 4. November 1910 die Frage nach dem Bewusstsein auf und entwickelt dann das Entstehen des Bewusstseins aus dem Aufeinanderprallen eines Stroms aus der Vergangenheit mit einem Strom, der uns aus der Zukunft entgegenkommt. Der Strom der Vorstellungen fließt aus der Vergangenheit durch unsere Seele. Unsere Begehrungen beschreibt er als einen Strom, der aus der Zukunft auf uns zu kommt. In dem Übereinanderschlagen beider Ströme, also dort, wo sich Vorstellungen und Begehrungen in unserem Seelenleben treffen, kann Bewusstsein entstehen. Eine Schnittstelle, die Gegenwart bedeutet.

Unsere Vorstellungen leben im Kopfbereich, haben die Tendenz, sich zu verfestigen. Unsere Begehrungen, wie Sehnsucht, Ungeduld, Hoffnung, rumoren in der Seele. Sie haben die Tendenz zu wachsen, sich auszubreiten. In diesem Vortrag spricht Rudolf Steiner nicht von den Wesenheiten Ahriman und Luzifer, er gibt den beiden Strömen andere Namen. Er beschreibt den Strom, der von der Vergangenheit in die Zukunft fließt, als unseren Ätherleib und den Strom, der von der Zukunft in die Vergangenheit strömt, als unseren Astralleib. Ein sehr interessanter Aspekt, um sich erneut auf den Fluss im Märchen zu besinnen!

Schauen wir noch einmal hinein in das 2. Bild der *Pforte der Einweihung*. Die Szenerie ist durch die Sinnesbilder *Felsen und Quellen* angedeutet. Johannes erlebt in seiner Meditation, durch diese Wand der Sinneswelt, wie von außen, den Ruf: «O Mensch, erkenne dich!» Unschwer erkennen wir in dieser Andeutung das Flussgebiet aus dem *Märchen*. Es ist ein Gebiet zwischen der Sinneswelt und der geistigen Welt.

Johannes schaut rückwärts, in die Vergangenheit hinein und wird konfrontiert mit der Schuld, die er auf sich geladen hat. Es ist die von ihm verlassene Freundin, die Verkümmerte, die er sieht.

> «Erkenntnis schmiedet an dich verderblich Ungeheuer.
> Mich selbst verderblich Ungeheuer.
> ...
> Mich führt aus Furcht in Finsternis
> Und jagt durch Finsternis in Furcht
> Der Weisheit Wesenswort:
> O Mensch, erkenne dich.»

Das Spiegelbild dazu fanden wir schon im 9. Bild, dieselbe Gegend, wiederum ist Johannes in Meditation. Den Wortlaut «O Mensch, erlebe dich!» erfährt er hier als Keimkraft. Alles ist nun zukunftsorientiert, von Hoffnung erfüllt. Johannes schaut nach vorne:

> «Aus lichten Höhen leuchtet mir ein Wesen,
> Ich fühle Schwingen,
> Zu ihm mich zu erheben.
> Ich will mich selbst befrei'n
> Wie alle Wesen, die sich selbst besiegt.»

Es ist diese Wirksamkeit der beiden Wesenheiten Ahriman und Luzifer, die Johannes in der Meditation innerhalb seiner Seele bewusst erleben kann. Sie treten in diesen beiden Bildern noch nicht auf, aber wir hören ihre Stimmen.

Somit haben wir in der Präsenz dieser beiden Wesenheiten einen Blick hinter den Schleier des Zeitenstroms werfen können. Sie kommen als wahre Kräfte in unser Seelenleben hinein. Das erlebte Goethe noch nicht – der Fluss bleibt ein Märchenbild, ein geheimnisvolles Abbild von den wahrhaftigen Kräften, die im Zeitenstrom leben und wirken.

6. Das Licht und die Wärme

Maria und Johannes wie auch die Lilie und der Jüngling dürfen sich am Ende neu verbinden. Sie sind Abbilder oder Vorbilder für die Verbindung von Licht und Wärme bzw. Liebe. Ist es im Märchen die Sonne, die hoch über dem Paar strahlt, so ist es das Geisteslicht der Seelen des Paars im Drama, es ist die Wärme bzw. Liebe, die zwischen den Seelen webt.

Sehen wir uns zunächst unter dem Gesichtspunkt Licht und Liebe Drama und Märchen an.

«Liebe Lilie ...», das sind die ersten beiden Worte des Jünglings nach seiner Initiation. Er freut sich über seine neu eroberten Kräfte, er fügt aber die Kraft der Liebe hinzu, die der Alte nur scheinbar vergessen hatte. Dieser muss ihn nun belehren und ihn auf das Opfer der Schlange aufmerksam machen. Der Schlange solle er gedenken, sie habe ihm das Leben gegeben und uns allen die Brücke. In diesem Moment aber haben sie die Brücke noch nicht wahrgenommen. Der Alte scheint dies aber schon zu wissen.

Wie dem Jüngling das Opfer der Schlange, so wird Johannes im Sonnentempel bewusst, was ihm die Andre Maria geschenkt hat. Dem geht ein wichtiger Dialog zwischen Theodosius und der Andren Maria voraus:

Die Andre Maria, die Seele der Liebe:

«Ich muss erkennen, dass ein Edles nur
In Lichte heilsam wirken kann,
Und wende mich zum Tempel.
Mein Fühlen soll in Zukunft
Dem Liebeslicht nicht seine Wirkung rauben.»

Theodosius, der Geist der Liebe:

«Durch deine Einsicht gibst du mir die Kraft,
Marias Seelenlicht den Weg zur Welt zu bahnen.
Es musste stets die Macht verlieren
An Seelen deiner frühern Art,
Die Licht mit Liebe nicht verbinden wollen.»

Johannes spricht dann sein Dankeswort an die Andre Maria im vollen Bewusstsein aus:

> «Ich schau' in dir die Seelenart,
> Die auch im eignen Innern mich beherrscht;
> Den Weg zu deiner höhern Schwester,
> Ihn konnte ich nicht finden,
> So lang in mir der Liebe Wärme
> Vom Liebeslicht getrennt sich hielt.
> Das Opfer, welches du dem Tempel bringst,
> In meiner Seele soll es nachgebildet sein.
> In ihr soll Liebeswärme sich
> Dem Liebeslichte opfern.»

Die Verbindung von Licht und Liebe bzw. Wärme in der Menschenseele oder zwischen Menschenseelen rückt so in den Mittelpunkt, aber sie kommt noch auf eine andere Weise im ersten Drama zum Vorschein. Die beiden von Benedictus gesprochenen ‹Lichtsprüche› aus dem 3. und 7. Bild vermitteln die Dramatik zwischen Licht und Wärme im Menscheninnern.

Das erste Mal tönt der Spruch für Johannes alleine, er ist mit Benedictus im Meditationszimmer am Ende des 3. Bildes. Das zweite Mal spricht Benedictus im Geistgebiet für das aufs Neue verbundene Paar Maria und Johannes. Er darf dort erscheinen, weil die beiden sich im Geistgebiet selbst gefunden haben. Der Geisteslehrer ist in seinem Wirken abhängig von den Taten der Menschen, diesem Gesetz muss er gehorchen. Was er da spricht, sind zwar seine Worte, aber durch diese Worte wirken geistige Wesen.

> «Die Mächte dieses Reiches geben euch
> Durch meinen Mund das Wort der Kraft:»

Dann folgt der Spruch:

> «Des Lichtes webend Wesen, es erstrahlet
> Von Mensch zu Mensch
> Zu füllen alle Welt mit Wahrheit.
> Der Liebe Segen er erwarmet

Die Seele an der Seele,
Zu wirken aller Welten Seligkeit.
Und Geistesboten, sie vermählen
Der Menschen Segenswerke
Mit Weltenzielen;
Und wenn vermählen kann die beiden
Der Mensch, der sich im Menschen findet,
Erstrahlet Geisteslicht durch Seelenwärme.»

Am Ende des 3. Bildes gibt Benedictus Einblicke in den dramatischen Vorgang, den Maria gerade durchgemacht hat, und zeigt Johannes die Richtung, die er einzuschlagen hat.

«Entzünde deiner Seele volle Macht
An Worten, die durch meinen Mund
Den Schlüssel geben zu den Höhen.
Sie werden dich geleiten,
Auch wenn dich nichts mehr leitet,
Was Sinnesaugen noch erblicken können.
Mit vollem Herzen wolle sie empfangen.»

Dann folgt der Spruch.

«Des Lichtes webend Wesen,
Es erstrahlet
Durch Raumesweiten
Zu füllen die Welt mit Sein.
Der Liebe Segen er erwarmet
Die Zeitenfolgen,
Zu rufen aller Welten Offenbarung;
Und Geistesboten, sie vermählen
Des Lichtes webend Wesen
Mit Seelenoffenbarung;
Und wenn vermählen kann mit beiden
Der Mensch sein eigen Selbst,
Ist er in Geisteshöhen lebend.»

Der Spruch ist für Johannes und soll ihm ein Schlüssel für die Pforte der Einweihung sein, wenn die Sinne ihn nicht mehr leiten können. Er handelt von den beiden Wesenheiten, die die Sinneswelt in Raum und Zeit durchstrahlen und durchwärmen; ‹des Lichtes webend Wesen› und ‹der Liebe Segen›. Erst zum Schluss des Spruchs erscheint der Mensch in dieser Welt. Wenn er die wirksamen Wesenheiten hinter der Sinneswelt, Licht und Liebe, mit sich zu verbinden weiß, kann der Mensch zu den Geisteshöhen aufsteigen.

Bekommt der Jüngling aus dem Märchen auch einen Schlüssel zum Reich seiner geliebten Lilie? Wir sehen zuerst seine traurige Gestalt «nacktsohlig» über die Brücke schreiten ... Seinen Habicht ruhig sitzend auf der Schulter. Die Sonne strahlt hoch über ihm, es ist die Mittagsstunde. Die Sonne und die Schlangenbrücke erlauben ihm den Zugang zu Liliens Garten. Er muss aber noch durch den (Schein-)Tod gehen, um sich mit der schönen Lilie verbinden zu können.

Der Spruch aus dem 7. Bild ist für Johannes und Maria. Wir sollten uns klarmachen, dass der Standpunkt (gegenüber dem ersten Lichtspruch, der als Geleit in die sinnesfreie Geisteswelt von Benedictus gegeben wurde) nun ein ganz anderer ist. Wir sind nicht in der Sinneswelt, wir haben gerade Erlebnisse und Erkenntnisse in der Geisteswelt durchlebt. Erst dann kann Benedictus erscheinen. Nun erfahren wir im Spruch, wie die Wesen Licht und Liebe im Menschen, zwischen Menschen wirksam werden können. Und diese Wirksamkeiten werden verbunden mit Aufträgen, die wiederum in die Welt hineinführen. Diese sind, Wahrheit und Seligkeit in die Welt zu bringen. Geistesführung wird hier zum Geisteswirken für die Zukunft.

Die letzte Zeile «erstrahlet Geisteslicht durch Seelenwärme» deutet zum Schluss, aber auch zum ersten Mal, auf eine besondere Verbindung von Licht und Wärme. ‹Geisteslicht› und ‹Seelenwärme› durch die Verbindung zwischen Menschen, zwischen Maria und Johannes. Nicht vergessen sollten wir, dass im 5. Bild, im unterirdischen Tempel, etwas stattgefunden hat, das mit zu dieser neuen Verbindung geführt hat: die Opferbereitschaft der Andren Maria. Sie verband sich dort mit den Brüdern im Tempel, so wie auch der «Bruder» Felix Balde.

Die Andre Maria zu Felix Balde:

« Ich hör' aus deinen Worten, Bruder Felix,
Dass du die Zeit als abgelaufen denkst,
Da wir dem Erdendasein dienen sollten,
Und ohne Weihe durch das Weisheitslicht
Aus eignen Lebensgründen Geist und Liebe
Im Dasein zu beleben.
In dir erhoben sich die Erdengeister,
Um ohne Wissenschaft dir Licht zu schaffen.
In mir hat Liebe walten dürfen,
Die in dem Menschensein sich selbst bewirkt.
Wir wollen ferner im Verein mit jenen Brüdern,
Die in dem Tempel leisten Weihedienste,
In Menschenseelen fruchtbar wirken. »

Benedictus, Theodosius und Romanus sprechen daraufhin aus, wie diese Opfertat und die Verbindung von Felix und der Andren Maria mit dem Tempel wirksam sein wird für Johannes: die Weisheit wird ihm erblühen, die Liebe wird sein Seelenleben durchwehen und Geistesfrüchte werden ihm reifen.

Die Schlange im Märchen kündigt im unterirdischen Tempel – zwar flüsternd, doch ausgesprochen – diese Opferbereitschaft dem Alten ins Ohr an. Darauf kann er ausrufen: « Es ist an der Zeit! »

Diese ‹ Zeitenwende › schauen wir dann im dritten Teil genauer an, wo die weihnachtlichen Bilder der Hirtenherzen und Königshäupter, wo Licht und Wärme noch auf eine neue Art ‹ vermählt › werden.

Die beiden Sprüche sind hier nun nebeneinander aufgeführt, mit Zeilennummerierung und Hervorhebungen, um die Übereinstimmungen und Unterschiede sichtbar zu machen:

1 «Des Lichtes webend Wesen,	« Des Lichtes webend Wesen,
es erstrahlet	es erstrahlet
2 *Durch Raumesweiten*	*Von Mensch zu Mensch*
3 Zu füllen *die* Welt mit *Sein.*	Zu füllen *alle* Welt mit *Wahrheit.*
4 Der Liebe Segen er erwarmet	Der Liebe Segen er erwarmet

5 Die *Zeitenfolgen,*	Die Seele an der Seele,
6 Zu *rufen* aller Welten *Offenbarung;*	Zu *wirken* aller Welten *Seligkeit.*
7 Und Geistesboten, sie vermählen	Und Geistesboten, sie vermählen
8 Des Lichtes webend Wesen	*Der Menschen Segenswerke*
9 Mit *Seelenoffenbarung;*	Mit *Weltenzielen;*
10 Und wenn vermählen kann *mit* beiden	Und wenn vermählen kann *die* beiden
11 Der Mensch *sein eigen Selbst,*	Der Mensch, *der sich im Menschen findet,*
12 Ist er in Geisteshöhen lebend.»	*Erstrahlet Geisteslicht durch Seelenwärme.»*

Beide Sprüche haben zwölf Zeilen und sind in ihrem Aufbau gleich. Die erste, vierte und siebte Zeile sind jeweils identisch; die zehnte Zeile fast. Das ergibt einen Rhythmus, und die mantrische Wirkung bemerkt man sogleich, wenn man in diesem Rhythmus leben kann und die Verwandlung vom ersten in den zweiten Spruch erlebt.

Im ersten Spruch erscheint der Mensch erst am Schluss, in der vorletzten Zeile, im Spruch aus dem Devachan schon gleich in der zweiten Zeile. Der erste Spruch für Johannes hat das Licht und die Liebe zum Inhalt, und wie sie in der Welt wirken. Kann der Mensch diese Wesen, mit der von den Geistesboten vermählten Seelenoffenbarung, mit sich selbst verbinden, dann ist ihm der Zugang zur Geisteswelt möglich. Das ist es, was Benedictus Johannes auf seinem Wege ins Geistgebiet mitgibt, auf den Weg zum wahren Wesen der Maria. Es geht über den Raum und die Zeit hinauf zu den Geisteshöhen.

Im 7. Bild sind wir in den Geisteshöhen, und dies ergibt eine andere Perspektive. Nun ist das Ziel die Verbindung von Licht und Wärme zwischen den Menschenseelen. Die Geistesboten vermählen der Menschen Segenswerke mit Weltenzielen. Die Dimensionen, die hier anklingen, kann man nicht groß genug sehen.

Im Märchen ist es die Sonne selbst, die wir fortwährend in ihrer Bahn und ihrem Zeitenlauf verfolgen. Die Schlange wird in diesem Verlauf der Sonne immer ähnlicher, sodass wir sie, kurz vor ihrem Todesopfer, zur Mitternacht in ihrem Strahlenkranz wahrnehmen können. Das große Ziel, Licht und Liebe miteinander zu verbinden, ist Menschheitsaufgabe und Erdenziel.

Christian Morgenstern erfasst diese Aufgabe auf poetische Weise in seinem Gedicht ‹Licht ist Liebe›.

«Licht ist Liebe ... Sonnenweben
Liebes-Strahlung einer Welt
schöpferischer Wesenheiten –

die durch unerhörte Zeiten
uns an ihrem Herzen hält,
und die uns zuletzt gegeben

ihren höchsten Geist in eines
Menschen Hülle während dreier
Jahre: da ER kam in Seines

Vaters Erbteil – nun der Erde
innerlichstes Himmelsfeuer:
dass auch sie einst Sonne werde.»

Dritter Teil: Die Worte der Grundsteinlegung – Tempel und Brücke

1. Einleitend

Am 25. Dezember 1923, 10 Uhr vormittags begrüßt Dr. Steiner die Anwesenden mit den Worten:

«Meine lieben Freunde!

Als erste Worte klinge heute durch unseren Saal die Zusammenfassung desjenigen, was als wichtigstes Ergebnis der letzten Jahre vor Ihren Seelen stehen kann.

Es wird nachher einiges über diese zunächst zusammenfassenden Worte zu sagen sein. Zuerst aber mögen unsere Ohren von diesen Worten berührt werden, um in unserem Sinn zu erneuern aus den Zeichen der Gegenwart heraus das alte Mysterienwort: ‹Erkenne dich selbst.›»

Diese Worte klingen in der Weihnachtstagung vom 25. Dezember 1923 bis zum 1. Januar 1924. Es sind zwischen 700 und 800 Menschen in der kalten Schreinerei anwesend, direkt gegenüber den Trümmern des ersten Goetheanum. Ein Jahr ist seit der verheerenden Brandnacht vergangen. Bei dieser Tagung wird der Versuch unternommen, mit dem alten Vereinswesen zu brechen und durch jede dort vorgenommene Handlung Geistiges durchscheinen zu lassen.

Kurz vor der Weihnachtstagung fasste Rudolf Steiner eine andere Möglichkeit ins Auge, auf das Chaos und die Katastrophen in der Gesellschaft zu antworten, nämlich sich mit einer kleinen Menschengruppe zurückzuziehen. Im November 1923 kam es dann aber durch Ita Wegman zu einer Veränderung in seiner Gesinnung. Es war in Holland, am 17. November, dem Vorabend der Gründung der holländischen Landesgesellschaft, in einem Gespräch mit Willem Zeylmans. In diesem Gespräch äußerte Rudolf Steiner seine Zweifel, ob das Fortsetzen der damaligen Gesellschaft noch möglich wäre.

Wie von Willem Zeylmans van Emmichoven überliefert wurde, habe Rudolf Steiner während des Holland-Aufenthaltes, am 17. November, am Vorabend der Bildung der holländischen Landesgesellschaft, in einem kleinen Kreis in schmerzlich-eindrucksvoller Art seine Zweifel darüber geäußert, ob ein Weitergehen mit der Gesellschaft für ihn noch möglich sei, und sich darüber beklagt, «dass man nirgends zu verstehen scheine, was er überhaupt wolle, und dass es vielleicht nötig sein würde, mit nur ganz wenigen Menschen innerhalb eines strengen Zusammenschlusses weiterzuarbeiten». In einer anderen Niederschrift gab Zeylmans den Ausspruch so wieder: «Was soll ich denn tun? Soll ich einen Orden gründen?» Von einem anderen der damals Anwesenden wurde noch überliefert, dass daraufhin Frau Dr. Wegman zu Rudolf Steiner gesagt habe: «Aber Herr Doktor, Sie können doch die Gesellschaft nicht im Stich lassen. Sie haben mir diesen Sommer erzählt, wie Sie die neue Gesellschaft aufzubauen gedenken unter Ihrer Führung.»

Und er habe geantwortet: «Ja, Frau Doktor, wenn Sie mir helfen, dann werde ich es wagen!» (GA 259, S. 864)

Und so konnte es zu der Weihnachtstagung kommen, einer Mysterientat in aller Öffentlichkeit. Rudolf Steiner sprach in diesen Tagen wiederholt davon, dass der Grundstein in den Boden unserer Herzen versenkt werden möge. Dieser Grundstein wird also nicht in der Erde eines äußeren Gebäudes versenkt, kein äußerer Tempel wird gebaut, die menschliche Gestalt in ihrer Dreigliedrigkeit ist nun gemeint, und der Ort der Versenkung ist nun das menschliche Herz. Das Herz, ja der «Boden» des Herzens, wird zur neuen Behausung des Geistesgutes. Dies ist die Metamorphose des Tempels: die *Worte der Grundsteinlegung* werden den Menschen ins Herz hineingesenkt. Genauer gesagt, durch Rudolf Steiners Worte können die Menschen diese Substanz selbst in ihre Herzen versenken. Wir sind diejenigen, die im freien Wollen diesen Schritt tun können, auf den es von nun an ankommt.

Die menschliche Gestalt in ihrer Dreigliedrigkeit ist der Ausgangspunkt des Grundsteinspruches. Es ist dies die Erneuerung des alten Mysterienwortes: «Erkenne dich selbst!» Rudolf Steiner konnte diese Dreigliederung schon seit Jahrzehnten wahrnehmen, aber, so sagt er in der Eröffnungsrede der Weihnachtstagung, er konnte sie erst «im letzten Jahrzehnt während der kriegerischen Stürme» (GA 260, S. 62) zur Reife bringen.

Nun, nach 30 Jahren Erkenntnis-Arbeit, finden wir eine vollständig neue dreigliedrige Menschenerkenntnis vor.

Rudolf Steiner verband sich selbst mit der neuen Gesellschaft, vorher war er nicht einmal Mitglied dieser gewesen. Zurück- und vorblickend auf die Bedeutung seiner Tat können wir auf die führenden Gestalten im Märchen und in den Mysteriendramen schauen. Im *Märchen* ist es der Alte mit der Kraft seiner Lampe, in den Dramen ist es Benedictus mit seinem Bewusstseinslicht. Nun folgt in der Weihnachtstagung in den Worten der Grundsteinlegung ein dritter Schritt: Rudolf Steiner spricht die Worte als Geisteslehrer: am Anfang erklingt jeweils dreimal der Anruf «Menschenseele! Du ...», und dies in Abstimmung mit der geistigen Welt. Dann aber, in der vierten Strophe, nimmt Rudolf Steiner einen neuen Standpunkt ein: das ‹Du› wird im Gebet zum ‹Wir›. Der ganze Spruch endet mit «was wir ... wollen». In diesem Sinne darf man annehmen, dass dieser dritte Schritt in der Führung der Gesellschaft sich ganz konkret hier, in dem Übergang von den drei ersten Strophen zur vierten, der sogenannten Zeitenwende, vollzieht.

Rudolf Steiner hat sein Schicksal bezüglich der Verbindung zur Allgemeinen Anthroposophischen Gesellschaft vorausgeahnt. In «Der Seelen Erwachen» sagt er über Benedictus: «nicht mehr bloß über seinen Schülern stehend zu denken, sondern mit seinem eigenen Seelenschicksale in die Seelenerlebnisse seiner Schüler verwoben».

Im Märchen hatten wir es mit sich verwandelnden Gestalten zu tun, in den Dramen mit sich entwickelnden Persönlichkeiten und nun, in der Grundsteinmeditation, mit dem reinen Innenleben jedes einzelnen Ich.

Wenden wir uns nun dem Spruch selber zu.

Die ersten drei Strophen

Menschenseele!
Du lebest in den Gliedern,
Die dich durch die Raumeswelt

In das Geistesmeereswesen tragen:
Übe Geist-Erinnern
In Seelentiefen,
Wo in waltendem
Weltenschöpfer-Sein
Das eigne Ich
Im Gottes-Ich
Erweset;
Und du wirst wahrhaft leben
Im Menschen-Welten-Wesen.

Denn es waltet der Vater-Geist der Höhen
In den Weltentiefen Sein- erzeugend;
Ihr Kräfte-Geister,
Lasset aus den Höhen erklingen,
Was in den Tiefen das Echo findet;
Dieses spricht:
Aus dem Göttlichen weset die Menschheit.
Das hören die Geister in Ost, West, Nord, Süd:
Menschen mögen es hören.

Menschenseele!
Du lebest in dem Herzens-Lungen-Schlage,
Der dich durch den Zeitenrhythmus
Ins eigne Seelenwesensfühlen leitet:
Übe Geist-Besinnen
Im Seelengleichgewichte,
Wo die wogenden
Welten-Werde-Taten
Das eigne Ich
Dem Welten-Ich
Vereinen;
Und du wirst wahrhaft fühlen
Im Menschen-Seelen-Wirken.

Denn es waltet der Christus-Wille im Umkreis
In den Weltenrhythmen Seelen-begnadend:
Ihr Lichtesgeister,
Lasset vom Osten befeuern,
Was durch den Westen sich formet:
Dieses spricht:
In dem Christus wird Leben der Tod.
Das hören die Geister in Ost, West, Nord, Süd:
Menschen mögen es hören.

Menschenseele!
Du lebest im ruhenden Haupte,
Das dir aus Ewigkeitsgründen
Die Weltgedanken erschließet:
Übe Geist-Erschauen
In Gedanken-Ruhe,
Wo die ew'gen Götterziele
Welten-Wesens-Licht
Dem eignen Ich
Zu freiem Wollen
Schenken;
Und du wirst wahrhaft denken
In Menschen-Geistes-Gründen.

Denn es walten des Geistes-Weltgedanken
Im Weltenwesen Licht-erflehend:
Ihr Seelengeister,
Lasset aus den Tiefen erbitten,
Was in den Höhen erhöret wird;
Dieses spricht:
In des Geistes Weltgedanken erwachet die Seele.
Das hören die Geister in Ost, West, Nord, Süd:
Menschen mögen es hören.

Schauen wir zuerst auf das ‹Bauwerk›. Die drei ersten Strophen sind identisch aufgebaut. Und das Erste, was auffallen mag, ist ihre jeweilige Zweiteilung. Die erste Hälfte der Strophen bezieht sich auf das Wesen der Menschenseele, die zweite weist auf die beteiligten kosmischen Wesen hin. Deswegen werden diese beiden Hälften oft als mikro- und makrokosmische Teile bezeichnet. Es sind jeweils zwölf und sieben Zeilen.

Durch die ersten drei Strophen erfährt das Ich einen Weg, der zu vergleichen wäre mit der Verwandlung eines Tropfens. Zuerst befindet sich dieser Ich-Tropfen im Meer, getragen, wie im Schoße des Vaters, eins mit ihm. Das Ich wird durch die Glieder im Raum *getragen.*

Dann bewegt sich der Tropfen in der zweiten Strophe bildhaft gesprochen bis an die Oberfläche des Wassers, er strömt mit den Zeitenrhythmen mit, sich vereinend mit dem Welten-Ich. Das Ich wird durch den Herzens-Lungen-Schlag in die Zeit *geleitet.*

Zuletzt, in der dritten Strophe, kann das menschliche Ich erwachen; das ruhende Haupt erschließt ihm die Weltgedanken. Als selbständiger ‹Tropfen›, als freie Individualität, erwacht das Ich in der Ewigkeit.

Der dreifache Anruf «*Menschenseele! Du …*» deutet auf eine vertikale Kraft, ja, hat eine gewisse Strenge. Die Menschenseele wird zur Übung aufgerufen. Hier wird die Wahrheit über das Menschenwesen ausgesprochen und zu gleicher Zeit der Weg gezeigt, wie wir üben können, um zum wahrhaften Leben, Fühlen und Denken zu gelangen.

In der ersten Strophe heißt es «Und du wirst wahrhaft leben», und nicht, wie wir vielleicht erwartet haben: wahrhaft wollen. Selbstverständlich ist das Leben in unserem Stoffwechsel Willensaktivität, aber es ist dies der geschenkte, der unbewusste Wille. Das Wollen, als freier Wille, wird erst zum Schluss angesprochen, in der dritten Strophe.

Die drei Strophen *klingen,* sodass unsere Ohren von diesen Worten berührt werden mögen. Es ist das alte *Wort «Erkenne dich selbst»,* das hier erneuert wird. Zuerst wird die Menschenseele *angerufen*, wie sie dreifach im Leibe lebt. Dann wird sie *aufgerufen* zum dreifachen Üben.

Im makrokosmischen Teil werden dagegen die Hierarchien *angerufen.* Nun wird auch ‹gesprochen›, jeweils in der 6. Zeile einleitend mit den Worten: «Dieses spricht:» Es ist der dreifaltige Rosenkreuzerspruch, von

Vater, Sohn und Heiligem Geist, «Ex Deo nascimur», «In Christo morimur» und «Per spiritum sanctum reviviscimus», von Rudolf Steiner aus dem Weltenwort gehört und mit den Stimmen der Hierarchien gesprochen.

Zum Schluss wird die Intimität der eigenen Seele verlassen, das Ganze erfährt eine Art ‹Globalisierung›. Im letzten Satz der ersten drei Strophen wird ausgesprochen, dass die ganze Elementarwelt gehört und aufgenommen hat, und dass Menschen es hören mögen. Hier klingt sowohl Hoffnung als auch ein Freilassen durch. Über den ganzen Globus, in allen Himmelsrichtungen haben die Elementargeister die Inhalte hörend aufgenommen. Wir Menschen mögen es hören.

Das Hören und Sprechen sind Aspekte des Ich-Atems. Im Sprechen und Hören ist das Ich entweder ganz bei sich oder taucht in den Anderen ein. Wir haben es mit einem Atem zwischen innen und außen zu tun, zwischen Zentrum und Peripherie. Die weiteren Aspekte dieses Atemrhythmus sind: der 24-Stunden-Takt, in dem das Ich zwischen Wachen und Schlafen atmet, sowie der größte Bogen, den es schlägt, indem das Ich zwischen der ersten Einatmung bei der Geburt und der letzten Ausatmung beim Sterben pendelt.

Wir haben es also mit Stufenfolgen, Pendelschlägen, Entwicklungsschritten zu tun. Durch das Einbeziehen der «Anthroposophischen Leitsätze» möchte ich eine weitere Stufenfolge aufzeigen:

Dort heißt es im Leitsatz 112:

«Das Göttlich-Geistige kommt im Kosmos in den folgenden Etappen auf verschiedene Art zur Geltung: 1. durch seine ureigene Wesenheit; 2. durch die Offenbarung dieser Wesenheit; 3. durch die Wirksamkeit, wenn die Wesenheit aus der Offenbarung sich zurückzieht; 4. durch das Werk, wenn in dem erscheinenden Weltall das Göttliche nicht mehr ist, sondern nur dessen Form.» (GA 26, Leitsatz 112, S. 99)

Wir haben es hier mit einem absteigenden Weg in vier Schritten zu tun – vom Wesen zum Werk –, die ich nun in Verbindung mit unserer Meditation bringen möchte. Es sind diese vier:

Das Wesen
Die Offenbarung des Wesens
Die Wirksamkeit des Wesens
Das Werk

Der Weg, der in den ersten drei Strophen der Grundsteinmeditation gegangen wird, ist ein aufsteigender. Wir werden vom Werk, von der menschlichen Dreigliederung in Glieder, Herzens-Lungen-Schlag und ruhendes Haupt, schrittweise nach oben zu den Hierarchien geführt. Die Strophe gipfelt jeweils im Rosenkreuzerspruch. Dieser Rosenkreuzerspruch wurde an der Weihnachtstagung auf Lateinisch gesprochen.

« Ex Deo nascimur
In Christo morimur
Per spiritum sanctum reviviscimus »

In der Druckversion dann später:

« Aus dem Göttlichen weset die Menschheit
In dem Christus wird Leben der Tod
In des Geistes Weltgedanken erwachet die Seele. »

Wir schauen uns nun diesen aufsteigenden Weg näher an, den Aufstieg des geistigen Menschenwesens in seiner Dreigliederung; in seiner dreifachen Verbindung zu den Hierarchien und der Trinität.

Das *Werk*, es ist die Leiblichkeit gemeint, sind die Glieder, der Herzens-Lungen-Schlag und das Haupt, unser Instrumentarium als Erdenwesen; in anderen Worten die drei Systeme: das Stoffwechsel- und Gliedmaßen-System, das rhythmische System mit Herz und Lunge und die Nerven-Sinnes-Organisation. Bemerkenswert dabei ist, dass Rudolf Steiner in der ersten Strophe die nach außen gewandten Glieder nennt, und nicht den nach innen gewandten Stoffwechsel. In der zweiten Strophe benennt er sowohl das nach innen gewandte Herz als die zur Welt geöffnete Lunge. Durch die Formulierung « Herzens-Lungen-Schlage » wird die rhythmische Qualität betont. In der dritten Strophe benennt Rudolf Steiner weder die nach innen gewandten Nerven noch die nach außen gerichteten Sinne, spricht aber zusammenfassend von dem (ruhenden) Haupte.

Du lebest in den Gliedern,
Die dich durch die Raumeswelt
In das Geistesmeereswesen tragen:

Du lebest in dem Herzens-Lungen-Schlage,
Der dich durch den Zeitenrhythmus
Ins eigne Seelenwesensfühlen leitet:

Du lebest im ruhenden Haupte,
Das dir aus Ewigkeitsgründen
Die Weltgedanken erschließet:

Dann schreiten wir voran zur *Wirksamkeit*. Hier wird das Üben angesprochen. Wir kommen durch das Erfassen der drei Übungen zu einer Erfahrung der Wirksamkeit des wahrhaften Menschenwesens in seiner Dreigliederung Leben, Fühlen und Denken.

Ü b e G e i s t - E r i n n e r n
In Seelentiefen,
Wo in waltendem
Weltenschöpfer-Sein
Das eigne Ich
Im Gottes-Ich
Erweset;
Und du wirst wahrhaft l e b e n
Im Menschen-Welten-Wesen.

Ü b e G e i s t - B e s i n n e n
Im Seelengleichgewichte,
Wo die wogenden
Welten-Werde-Taten
Das eigne Ich
Dem Welten-Ich
Vereinen;

Und du wirst wahrhaft f ü h l e n
Im Menschen-Seelen-Wirken.

Ü b e G e i s t - E r s c h a u e n
In Gedanken-Ruhe,
Wo die ew'gen Götterziele
Welten-Wesens-Licht
Dem eignen Ich
Zu freiem Wollen
Schenken;
Und du wirst wahrhaft d e n k e n
In Menschen-Geistes-Gründen.

Durch das Wörtchen «denn» machen wir den nächsten Schritt herauf zu der *Offenbarung* des Wesens. In allen drei Strophen wird dieses Offenbaren durch das starke Verb «walten» dargestellt. Es zeigen sich hier der Vater, der Sohn und der Heilige Geist.

Denn es waltet der Vater-Geist der Höhen
In den Weltentiefen Sein-erzeugend;

Denn es waltet der Christus-Wille im Umkreis
In den Weltenrhythmen Seelen-begnadend:

Denn es walten des Geistes Weltgedanken
Im Weltenwesen Licht-erflehend:

Zum Schluss gipfelt dieser Weg jeweils im Rosenkreuzerspruch, der durch die Hierarchien zum Klingen gebracht wird. Wir können das *Wesen* durch die Sprache der Kräfte-Geister in der ersten Strophe, der Lichtes-Geister in der zweiten Strophe und der Seelen-Geister in der dritten Strophe erfahren.

Ihr Kräfte-Geister,
Lasset aus den Höhen erklingen,
Was in den Tiefen das Echo findet;
Dieses spricht:
Aus dem Göttlichen weset die Menschheit.

Ihr Lichtes-Geister,
Lasset vom Osten befeuern,
Was durch den Westen sich formet:
Dieses spricht:
In dem Christus wird Leben der Tod.

Ihr Seelen-Geister,
Lasset aus den Tiefen erbitten,
Was in den Höhen erhöret wird;
Dieses spricht:
In des Geistes Weltgedanken erwachet die Seele.

Das Wesen, dessen Weg wir in den ersten drei Strophen vom Werk zum Wesen verfolgen können, ist das geistige Menschenwesen. Es ist ein Weg, ein Aufbau von unten nach oben; vom irdischen *Instrument* ausgehend zum Göttlich-Geistigen aufsteigend. Die drei Übungen, die der Menschenseele den Aufstieg ermöglichen, kann man auch als eine ‹Dehnübung› beschreiben; die Seele weitet sich schrittweise immer mehr, in die Tiefen, in den Umkreis und zum Schluss bis in die Höhen.

Richten wir nun unsere Aufmerksamkeit auf die vierte Strophe mit der Überschrift *Ur-Weihenacht.*

In der Zeiten-Wende
Trat das Welten-Geistes-Licht
In den irdischen Wesensstrom;
Nacht-Dunkel
Hatte ausgewaltet;
Taghelles Licht
Erstrahlte in Menschenseelen;
Licht,
Das erwärmet
Die armen Hirtenherzen;
Licht,
Das erleuchtet
Die weisen Königshäupter.

Göttliches Licht,
Christus-Sonne,
Erwärme
Unsere Herzen;
Erleuchte
Unsere Häupter;
Dass gut werde,
Was wir aus Herzen
Gründen,
Was wir aus Häuptern
Zielvoll führen wollen.

In der vierten Strophe wird, wie wir nun sehen werden, der umgekehrte Weg begangen; vom Wesen zum Werk, von oben nach unten.

Die Strophe beginnt mit einer Art Legende, einer Erzählung, und wird in der zweiten Hälfte zu einem Gebet. Das *Wesen,* das sich in der ersten Hälfte der Strophe mit der Erde verbindet, ist das Welten-Geistes-Licht, das in den irdischen Zeitenstrom trat. Dieses Geschehen wird uns in der Vergangenheitsform vermittelt.

In der Zeiten-Wende
Trat das Welten-Geistes-Licht
In den irdischen Wesensstrom;

Die *Offenbarung* dieses Wesens wird ebenfalls in der Vergangenheitsform vermittelt.

Nacht-Dunkel
Hatte ausgewaltet;
Taghelles Licht
Erstrahlte in Menschenseelen;

In der zweiten Hälfte der vierten Strophe wird uns in der Gegenwartsform erzählt, wie dieses Wesen *wirksam* in unseren Herzen und Häuptern wird.

Licht,
Das erwärmet
Die armen Hirtenherzen;
Licht,
Das erleuchtet
Die weisen Königshäupter.

Der Abschluss dieser Strophe zeigt dann auf das *Werk* in der Zukunftsform. Es wird dies zu einem Gebet. Der Standpunkt hat gewechselt, von einer Legende ausgehend sind wir in ein Gebet eingetreten und, zum ersten Mal, erklingt hier das *Wir.* Den Umschlagspunkt bildet das Wörtchen «dass». Aus dem Umkreis kommend, in uns bewegend, führt uns das Welten-Geistes-Licht zum Willensimpuls des Guten.

Göttliches Licht,
Christus-Sonne,
Erwärme
Unsere Herzen;
Erleuchte
Unsere Häupter;
Dass gut werde,
Was wir aus Herzen
Gründen,
Was wir aus Häuptern
Zielvoll führen wollen.

Zusammenfassend sind wir in Bezug auf die Zeit in den ersten drei Strophen *seiend* in einer zukunftsorientierten Gegenwart. In der Zeitenwende, der vierten Strophe, ist es ein *Werden* von der Vergangenheit in die Zukunft. Diesen doppelten Zeitenstrom haben wir bereits angeschaut.

2. Die ersten drei Strophen und die Einweihung des Jünglings

In der Grundsteinmeditation ruft die Menschenseele sich selbst wie von außen an: «Menschenseele!» Das ist als eine Qualität der Bewusstseinsseele aufzufassen. Kein Lehrer oder Führer ruft, nur ich selbst kann es tun. Der Jüngling im Märchen ist dazu noch nicht in der Lage, er wird vom Alten zu den drei Königen geführt, ist er doch nur scheinbar lebendig. Der Zeitpunkt, an dem diese Einweihung stattfindet, ist der Sonnenaufgang; der neue Tag ist gerade angebrochen … Der Jüngling bekommt von den Königen ihre Attribute zu seiner Wiederbelebung geschenkt und dabei werden ihm ebenfalls drei Aufträge vermittelt. Die Kräfte der drei Könige gehen an den Jüngling über – man kann das Geschehen also durchaus wie eine Einweihung erleben. In dem neuen König sind diese drei Kräfte nun harmonisch vereinigt. Das Gegenbild finden wir in dem zum Klumpen zusammengesackten vierten König, wo die drei Kräfte chaotisch durcheinanderwirkten und der nun, da die Irrlichter das Gold herausgeleckt haben, unförmig daliegt.

«Der Mann mit der Lampe führte nunmehr den schönen, aber immer noch starr vor sich hinblickenden Jüngling vom Altare herab und gerade auf den ehernen König los. Zu den Füßen des mächtigen Fürsten lag ein Schwert, in eherner Scheide.

Der Jüngling gürtete sich. ‹Das Schwert an der Linken, die Rechte frei!› rief der gewaltige König.

Sie gingen darauf zum silbernen, der sein Zepter gegen den Jüngling neigte. Dieser ergriff es mit der linken Hand und der König sagte mit gefälliger Stimme: ‹Weide die Schafe!›

Als sie zum goldenen König kamen, drückte er mit väterlich segnender Gebärde dem Jüngling den Eichenkranz aufs Haupt und sprach: ‹Erkenne das Höchste!›»

Der Jüngling wird in den oben zitierten drei Stufen zu seinem neuen Leben erweckt, von unten nach oben. Zuerst werden die Glieder angesprochen. Er muss sich zur Erde neigen, das Schwert aufheben und sich damit gürten. Daraufhin folgt der Auftrag des ehernen Königs.

Der silberne König gibt dem Jüngling sein Zepter. Dieses Zepter wird ausgetauscht, es ist ein Geben und Nehmen zwischen Jüngling und silbernem König. Der Austausch findet in der Herzregion statt. Dann spricht der silberne König seinen Auftrag aus: «Weide die Schafe!» Diese Rede mag uns erinnern an das Bibelbild des guten Hirten. Der gute Hirte gibt sein Leben für die Schafe hin. Die Worte, die Theodosius im 10. Bild der «Pforte der Einweihung» an Johannes richtet, sind ebenfalls damit in Verbindung zu sehen:

> «Empfinde mich in deinen Seelentiefen
> Und trage meine Kraft in alle Welten.
> Du wirst in Liebesdiensten Seligkeit erleben.»

Der dritte, der goldene König drückt dem Jüngling den Eichenkranz aufs Haupt. Da muss der Jüngling nun gar nichts tun, außer sein Haupt ruhig zu halten. Der Auftrag bezieht sich auf das Denken, er soll das Höchste erkennen.

Getrennte Kräfte wollen im Jüngling zusammengeschmiedet werden. Bemerkenswert ist die Tatsache, dass er zuerst zu dem ehernen König geführt wird. Die Wiederbelebung wirkt von unten nach oben. Bis dahin war es der goldene König, der zuerst gesprochen hatte und der die führende Gestalt zu sein schien.

In den ersten drei Strophen der Grundsteinmeditation kommen diese Bilder metamorphosiert wieder. Die Reihenfolge ist genau wie im Märchen. Dies im Gegensatz zu der Reihenfolge im unterirdischen Tempel, wo es der goldene König ist, der als Erster agiert. So ist es auch im Felsentempel in *Die Pforte der Einweihung* und sogar im Sonnentempel, wo Benedictus als Erster spricht.

In der Grundsteinmeditation werden ebenfalls zuerst die Glieder angesprochen: «Menschenseele! Du lebest in den Gliedern». Der Jüngling muss sich bücken und greift dann das Schwert. Die Menschenseele wird aufgerufen, Geist-Erinnern zu üben. Unsere Glieder sind geistiger Substanz, in ihnen wirken Erdenkräfte.

In der zweiten Strophe wird das mittlere System angesprochen: «Menschenseele! Du lebest in dem Herzens-Lungen-Schlage». Der Jüngling

Der Jüngling bückt sich und greift das Schwert

Übe Geist-Erinnern

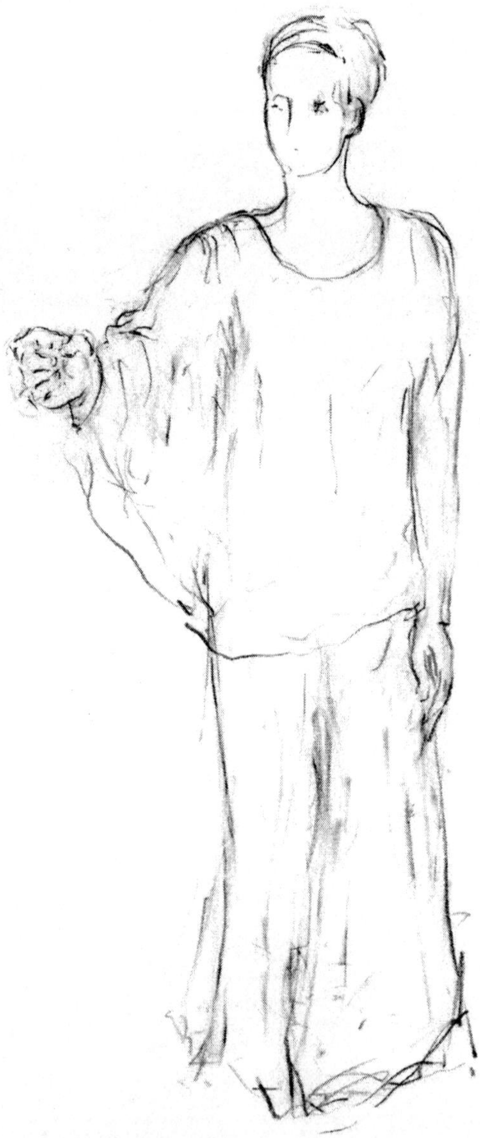

Der Jüngling empfängt das Zepter

Übe Geist-Besinnen

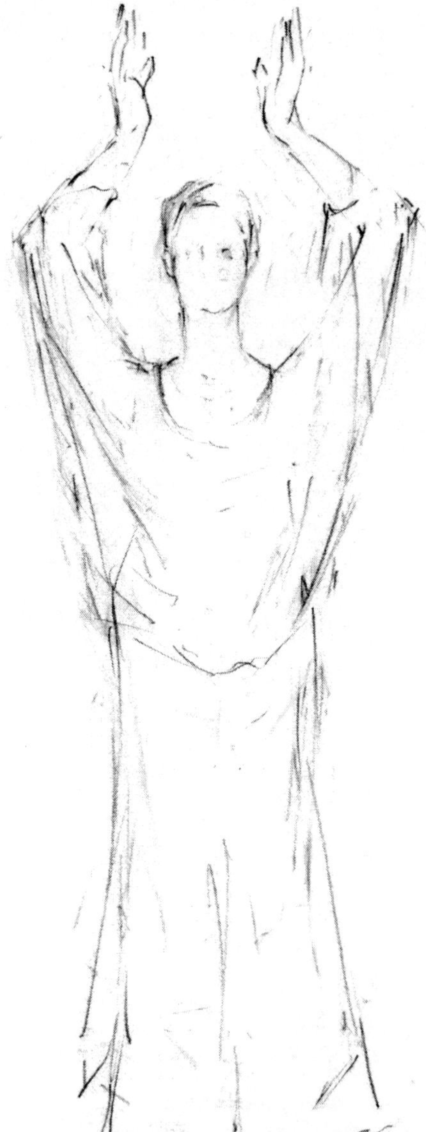

Der Jüngling empfängt den Eichenkranz

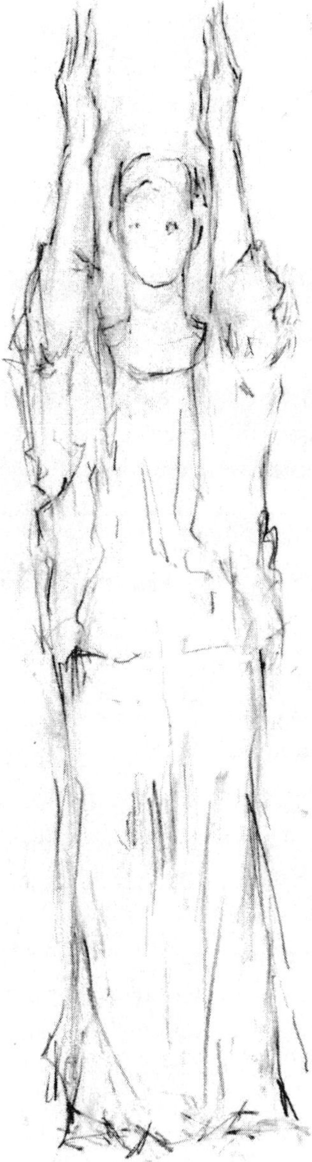

Übe Geist-Erschauen

empfängt das Zepter und nimmt es in die linke Hand. Die Menschenseele wird aufgerufen, Geist-Besinnen zu üben.

In der dritten Strophe wird das Haupt angesprochen: «Menschenseele! Du lebest im ruhenden Haupte». Der Jüngling empfängt den Eichenkranz, der ihm auf das Haupt gedrückt wird. Die Menschenseele wird aufgerufen, Geist-Erschauen zu üben. Unser Haupt ist physischer Substanz, es wirken Geisteskräfte darin.

Die Attribute der Könige – das Schwert, das Zepter und die Krone – werden in den ersten drei Strophen der Grundsteinlegung zu seelisch-geistigen Kräften. Die Aufgaben der Könige werden in der Meditation zu Übungen.

Der ganze Mensch wird von unten aufgebaut, aus dem «Leben» im unbewussten Willen über das Fühlen zum Denken und dem freien Wollen.

Die Abbilder in Goethes Märchen werden hier transformiert zu einem Wahrbild. In den Zeichnungen werden diese Metamorphosen anschaulich. Es werden die Stufen der Einweihung des Jünglings bildhaft neben den entsprechenden Stellen der eurythmischen Inszenierung des Grundsteinspruches dargestellt.

Übe Geist-Erinnern in Seelentiefen.
Übe Geist-Besinnen im Seelengleichgewichte.
Übe Geist-Erschauen in Gedankenruhe.

Im Märchen ist es der Alte, der den Jüngling führt und genau bemerkt, was sich in dieser Initiation abspielt. Nachdem sich der Jüngling das Schwert umgegürtet hat, hebt sich seine Brust, regen sich seine Arme und seine Füße treten fester auf. Nachdem er das Zepter in die linke Hand genommen hat, scheint sich die Kraft zu mildern und durch einen unaussprechlichen Reiz mächtiger zu werden. Als der Eichenkranz auf seinem Haupt ruht, beleben sich auch seine Gesichtszüge, es kommt Glanz in seine Augen, und dieser Glanz ist von unaussprechlichem Geist. Wie poetisch ist diese Schilderung des wahrhaften Lebens, Fühlens und Denkens!

3. Die vierte Strophe und die Schlange

Wie anders nun die vierte Strophe! Hier ist alles in fortwährender Bewegung. Hier *ist* nichts, hier *wird* alles. Sogar das Weihnachtsgeschehen wird als Bewegung in der Zeit geschildert. Es gibt keinen Stall, keine Krippe, es wird von einer Wende, der *Zeitenwende* erzählt. Wenn in den ersten drei Strophen eine gewisse Strenge, eine vertikale Kraft lebt, so haben wir es hier mit einer fließenden, horizontalen Kraft zu tun. Die Strophe beginnt, wie schon erwähnt, mit einer Art Legende, die uns das Welten-Geistes-Licht nahebringt, das in den irdischen Wesensstrom hineingetreten ist. Die nächste Bewegung ist die Verwandlung vom Dunkel ins Licht; Nacht-Dunkel hatte ausgewaltet. Dann bewegt sich dieses Licht als «Taghelles Licht» erstrahlend hinein in die Menschenseelen.

Der mittlere Teil dieser Strophe erzählt uns, wie das Licht differenziert erscheint und wirkt. Wiederum wird eine Bewegung durch das «er-» in «erleuchten» und «erwärmen» dargestellt. Der letzte, dritte Teil wird zu einem Gebet. Zum ersten Mal erklingt das *Wir.* Nicht mehr die einzelne Menschenseele wird hier von außen angesprochen, das *Wir* klingt nun bittend von innen heraus.

Es ist, so sagt uns der Titel, Weihnachten. Die vertrauten Bilder von Hirten und Königen werden angesprochen und damit die Differenzierung in Wärme und Licht. Die Könige orientieren sich am Kosmos: sie *sehen* den lichtvollen Stern. Die Hirten liegen auf der harten Erde, sie *hören* im Traum. Die beiden Qualitäten werden *in* uns, in unseren Häuptern und Herzen, miteinander verbunden.

Auch der Schluss ist immer noch Bewegung, der menschliche Wille nimmt eine Richtung: dass gut *werde.*

Wir fühlen alle diese Bewegungen in unseren Seelen. Es ist die Intimität der fühlenden Seele angesprochen und nicht mehr, wie in den ersten drei Strophen, das Wechselspiel zwischen Hören und Sprechen. Dort waren es alle vier höheren Sinne (der Hörsinn, der Gedankensinn, der Wortsinn und der Ich-Sinn), nun nehmen wir den Inhalt mit den seelischen Sinnen auf; Licht und Wärme mit dem Sehsinn und dem Wärme-Sinn. Man kann diesen Vorgang vielleicht als Seelen-Atem benennen, gegenüber dem vorher geschilderten Ich-Atem.

Die Bewegungen zielen auf die Arbeit in der Welt. Es ist der Schluss des Grundsteins für die Gesellschaft: wir werden fühlend zurückversetzt in das Weihnachtsereignis, um dann das Aufgenommene hinauszutragen, auszuüben in der Welt. Die vierte Strophe bildet in diesem Sinn eine Brücke zwischen den Übungen der ersten drei Strophen und der Welt.

Die Brücke zur Welt ist die Liebe. Im Märchen ist das Opfer der Schlange ein Abbild dieser Liebestat.

Schauen wir nun zurück auf die Verwandlungen der Gestalt der Schlange, diesmal im Zusammenhang mit der eurythmischen Vortaktgestaltung der vierten Strophe.

Zuerst lebt die Schlange im Horizontalen, sie kriecht über die Erde. Nachdem sie das Gold gefressen hat, richtet sie sich auf und wird leuchtend und durchsichtig. Wenn das Gold verdaut ist muss sie sich wieder zur Erde wenden. Nachdem sich ihre Opfertat vollzogen hat, bildet sich der endgültige Brücken-Bogen.

Im Vortakt der vierten Strophe kommen die Eurythmisierenden herein mit der Tierkreisgeste ‹Waage›. Dann bilden sie im Stehen den Konsonanten ‹C› und gehen daraufhin zurück in die Waage-Geste. Es folgt die Tierkreisgeste ‹Stier›, und abschließend wird der Konsonant ‹R› gebildet. Diese Geste sollte bis ganz herunter gebildet werden. In dieses Vortaktritual sind alle Stadien der Verwandlung der Schlange hineingeheimnisst. Die Zeichnungen auf den nächsten Doppelseiten mögen diese Übereinstimmungen anschaulich machen.

* * *

Im Märchen sind wir bei der Entstehung der Brücke nicht anwesend. Wir sind mit der ganzen Gemeinschaft in den unterirdischen Tempel eingetreten, haben dessen Aufstieg zum andern Ufer miterlebt und schlussendlich die Einweihung des Jünglings mitvollzogen.

Währenddessen hat die Schlange die Brücke aufgebaut. Aus den edlen Resten ihres Leibes wurden die Grundpfeiler der Brücke. Die Brücke erbaute sie aus ihrem Wesen heraus und diese wird sich selbst erhalten. Das beinhaltet, dass diese Brücke nicht in Verfall geraten kann! Die Auferstehung der Schlange spielt sich im Unsichtbaren ab. Erst nachdem wir aus dem Tempel heraustreten, können wir dieses Wunderwerk beschauen.

Der Aufstieg des Tempels und der Aufbau der Brücke gehören somit zusammen, sind parallel, synchron zu denken. Eine Art Bewegungsmeditation kann uns tiefer in dieses Wunder hineinführen: Man versuche, die Bewegungen des Tempels innerlich zu verfolgen – diese Bewegung beschreibt Goethe exakt – und dabei sich vorzustellen, wie dessen Grundpfeiler sich aufrichten und die Brücke sich erhebt. Sie steht schlussendlich als Vertreterin der vierten Kraft, der Kraft der Liebe, da.

In «Die Geheimwissenschaft im Umriss» spricht Rudolf Steiner von der Liebe als wiedergeborenen Weisheit:

«Als das umfassende Vorbild der Liebe stellt sich bei seiner Offenbarung das hohe Sonnenwesen dar [...]

Was sich durch Saturn, Sonne und Mond als Weisheit vorbereitet hat, wirkt im physischen, ätherischen, astralischen Leib des Menschen; und es stellt sich dar als ‹Weisheit der Welt›; im ‹Ich› aber verinnerlicht es sich [...]

Die ‹Weisheit der Außenwelt› wird, von dem Erdenzustand an, innere Weisheit im Menschen. Und wenn sie da verinnerlicht ist, wird sie Keim der Liebe. Weisheit ist die Vorbedingung der Liebe; Liebe ist das Ergebnis der im ‹Ich› wiedergeborenen Weisheit.» (GA 13, S. 415 f.)

So dürfen wir fühlen, wie das Goethe'sche Märchen durch Rudolf Steiner in der Architektur der *Worte der Grundsteinlegung* verwandelt wird, in den neuen, für alle Menschen zugänglichen Tempel, verbunden mit einer Brücke zur Welt. In der dreigegliederten Leiblichkeit finden wir erneuert den Anker, um übend zum Höchsten aufzusteigen. *Das* ist der neue Tempel.

Die Schlange in der Horizontalen

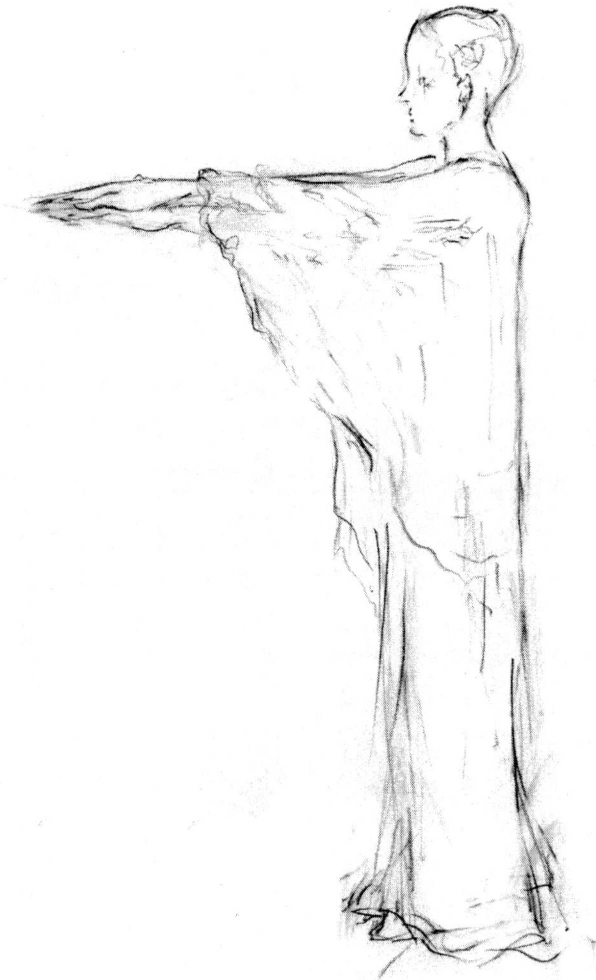

Die Waage-Geste

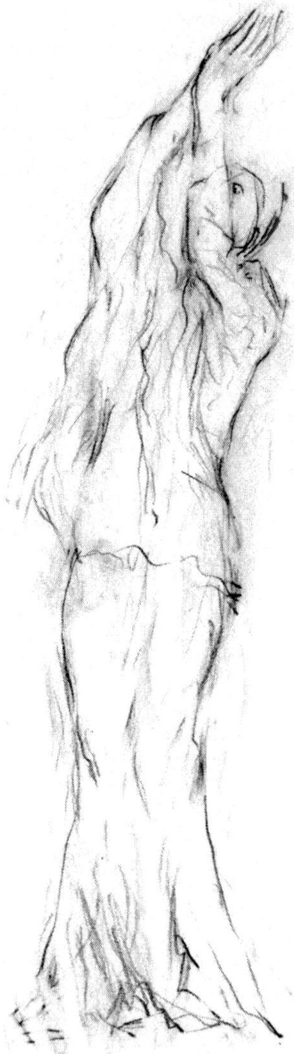

Die aufgerichtete Schlange

Die C-Geste

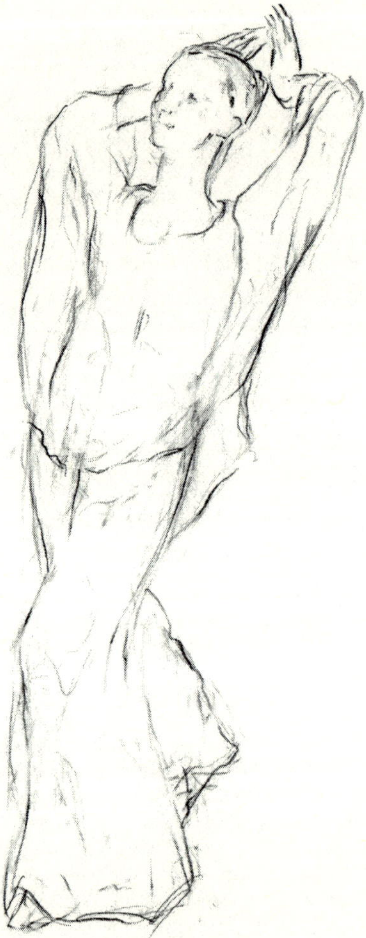

Die Opfertat

Die Stier-Geste

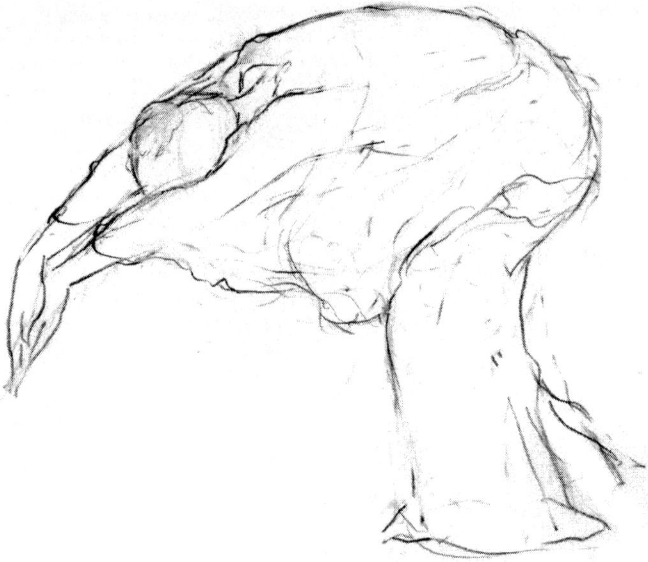

Die Brücke

Die R-Geste

Nochmals klingt hier das Novalis-Wort aus «Vermischte Fragmente»: «Es gibt nur einen Tempel in der Welt, und das ist der menschliche Körper. Nichts ist heiliger als diese hohe Gestalt.»

Beim Vergleich zwischen dem Goethe-Märchen und dem ersten Mysteriendrama schauten wir auf die Namen der Figuren. In der Grundsteinmeditation werden nun ebenfalls Namen genannt. An der Weihnachtstagung selbst sprach Rudolf Steiner die Hierarchien direkt mit ihren Namen an. In der ersten Strophe sind das die Seraphim, Cherubim und Throne. In der zweiten Strophe werden die Kyriotetes, Dynamis und Exusiai angerufen. In der dritten Strophe zuletzt die dritte Hierarchie mit den Archai, Archangeloi und Angeloi. Auch der Rosenkreuzerspruch, auf Lateinisch gesprochen, beinhaltet Namen der Trinität in den Worten Deo, Christo und Spiritum Sanctum – Vater, Sohn und Heiliger Geist. Für die Druckversion wandelte Rudolf Steiner diese Namen ab – in Kräfte-, Licht- und Seelen-Geister. Er hat uns selbst den Grund dafür genannt. Man solle sich bewusst sein, dass das Aussprechen der Namen dieser höchsten Wesen eine Wirkung, einen ‹Rückschlag› auf den Aussprechenden habe, und Rudolf Steiner wollte uns davor schützen. Mit den Worten der Grundsteinlegung kommen wir noch einen Schritt näher an diese Wesen heran. Es stehen keine Symbole hinter den Namen, sie haben keine andere Bedeutung, als dass sie auf eine gewisse Qualität hindeuten, es sind die Wesenheiten selbst identisch mit diesen Namen. In der vierten Strophe wird in der Mitte des Spruches der Name des Christus, im Bild der Sonne, als Christus-Sonne, ausgesprochen. Es ist die Wesenheit, die sich im 30. Lebensjahr des Jesus von Nazareth inkarnierte. Und damit schauen wir zu Weihnachten auch voraus auf das Ostermysterium, auf die Auferstehung.

Wenn Maria von Magdala am Ostermorgen zum Grab kommt, findet sie den Christus nicht. Als sie sich umkehrt, begegnet sie ihrem Herrn, meint aber, es sei der Gärtner. Jesus sagt zu ihr: «Maria!» Daraufhin wendet sie sich und sagt: «Rabuni!», was Meister heißt. Maria von Magdala erkannte ihren Meister zunächst nicht.

Warum nicht? Der Leichnam von Jesus Christus ist nicht mehr da. Wer ist diese Gestalt, die sie «Meister» nennen kann? Was und wer ist der Auferstandene?

In dem Vortragszyklus «Von Jesus zu Christus» (GA 131) bringt Rudolf Steiner uns dieses Mysterium näher. Um den Auferstehungsleib des Christus zu verstehen, brauchen wir das Verständnis für den menschlichen Phantomleib.

«Dieses Phantom ist die Formgestalt des Menschen, welche als ein Geistgewebe die physischen Stoffe und Kräfte verarbeitet, sodass sie in die Form hineinkommen, die uns als der Mensch auf dem physischen Plane entgegentritt.» (GA 131, S. 150)

«Das Phantom gehört zum physischen Leibe dazu, es ist der übrige Teil des physischen Leibes, ist wichtiger als die äußeren Stoffe; denn die äußeren Stoffe sind im Grunde genommen nichts anderes als etwas, was hineingeladen wird in das Netz der menschlichen Form, wie man Äpfel auf einen Wagen lädt.» (GA 131, S. 151)

Der Phantomleib ist ein Kräfteleib, der an sich ganz durchsichtig ist, unsichtbar ist.

Es wurde in der Menschheitsgeschichte unter luziferischem Einfluss das sichtbar, was eingetreten ist bei dem sogenannten Sündenfall. In der Bibel ist uns dies bekannt als die Verführung durch die Schlange. Durch diesen luziferischen Einfluss geriet der vollkommene Phantomleib in Verfall. (GA 131, S. 152)

Bemerkenswert in unserem Zusammenhang ist, dass im Bild der Bibel die Verführung Luzifers in Gestalt einer Schlange auftritt. Durch den Sündenfall wurde unsere physische Gestalt sichtbar.

«In Wahrheit liegt die Sache so, dass der Mensch im Laufe der Erdenentwicklung die Form des physischen Leibes verloren hat, dass er nicht das hat, was ihm sozusagen von Göttern zugedacht war vom Erdenanfang an ...

Und es ist unmöglich, das Christentum zu begreifen, wenn man nicht einsieht, dass zur Zeit, als die Ereignisse von Palästina sich abspielten, das Menschengeschlecht über die Erde hin dort angekommen war, wo dieser Zerfall des physischen Leibes seinen Höhepunkt erreicht hatte, und wo eben deswegen für die gesamte Entwickelung der Menschheit die Gefahr bestand, dass das Ichbewusstsein, die eigentliche Errungenschaft der Erdenentwickelung, verlorengehe. Wäre nichts weiter hinzugetreten zu dem, was vorhanden war bis zu den Ereignissen von Palästina, wäre der Prozess fortgeschritten – immer mehr und mehr wäre das Zerstörende eingezogen in die physisch-menschliche Leiblichkeit, und die Menschen, die geboren wären nach der Zeit des Ereignisses von Palästina, hätten leben müssen mit einem immer dumpferen Ichgefühl. Immer stumpfer wäre das geworden, was von der Vollkommenheit der Spiegelung eines physischen Leibes abhängt.» (GA 131, S. 166 ff.)

«Es ist eingetreten, dass dieser eine Mensch, der Träger des Christus war, einen solchen Tod durchgemacht hat, dass nach drei Tagen dasjenige, was am Menschen das eigentlich Sterbliche des physischen Leibes ist, verschwinden musste und aus dem Grabe sich erhob jener Leib, der der Kräfteträger der physisch-materiellen Teile ist. Das, was eigentlich dem Menschen zugedacht war von den Beherrschern von Saturn, Sonne und Mond, das hat sich erhoben aus dem Grabe: das reine Phantom des physischen Leibes, mit allen Eigenschaften des physischen Leibes.» (GA 131, S. 167)

Der Auferstehungsleib Christi ist der vollkommene menschliche Phantomleib. Durch die Opfertat Christi wurde der menschliche Phantomleib wiederhergestellt; zur Rettung der Menschenseele, des Menschen Ich.

Im Märchen ist uns, wiederum in Gestalt einer Schlange, ein Abbild von dem geheimnisvollen Zusammenhang zwischen Leiblichkeit und Ichbewusstsein gegeben.

Wir sind wieder bei dem Spruch angekommen, der im Prolog erklang, ausgesprochen von Maria in Luzifers Reich. Nun kann sich der letzte Satz in einem neuen Licht zeigen:

«... und seines Seelenlebens wahrer Sinn
erscheint ihm nur, wenn sich in seinem Leibe
die Kraft zum wesenhaften ‹Ich› erfühlt.»

4. Die eurythmische Gestaltung

Rudolf Steiner hat die *Worte der Grundsteinlegung* schon bald nach der Weihnachtstagung für die Eurythmie eingerichtet. Am 22. April war die erste Aufführung, bei der die Grundsteinmeditation anschaulich wurde. In der Ansprache vor dieser Aufführung spricht Rudolf Steiner aus, dass durch die Weihnachtstagung ein neuer Zug durch die Gesellschaft gehen soll. Durch die eurythmische Umsetzung wird dasjenige, was damals zu Weihnachten begonnen wurde, einen Schritt weitergeführt.

Wie sieht nun dieser neue Schritt konkret aus? Was wird in dieser Choreographie sichtbar, erlebbar?

Zuerst stellen wir den großen Unterschied zwischen den ersten drei Strophen und der vierten, der sogenannten Zeitenwende, fest. Die Konstellation der sechs Darsteller ändert sich von fünf plus eins in zwei mal drei, in völlig anderen Farben kostümiert. Die ersten drei Strophen kann man als recht bunt beschreiben, die vierte ist im schlichten Gelb und Weiß gehalten. Einige Aspekte dieser Inszenierung möchte ich nun näher anschauen.

Das Hereinkommen auf die Bühne von den sechs Darstellern ist ein erstes Ritual. In verschiedenen Zonen (oben, Mitte, unten) wird das IAO dargestellt. Aus sechs, dem Hexagramm, wird durch die Form fünf und eins, eine Schale und darin das Menschen-Ich. Das Ich ist zuerst draußen, durch die Bildung des Pentagramms kommt es nach innen. In der Sprache des Goethe-Märchens heißt das: die Lilie (sechs) wird zur Rose (fünf).

Unten ist im Bild gezeigt, wie die Eurythmisten hereinkommen. Es bildet sich nach und nach die Aufstellung der Gruppe. Die Darsteller kommen jeweils einzeln herein, von links und rechts, nachdem die erste Gestalt hinten in der Mitte erschienen ist. Die zweite Gestalt kommt von links vorne herein, um rechts vorne im Bühnenraum zur Ruhe zu kommen. Wenn diese die Mitte des Raumes kreuzt, kommt von rechts die dritte Gestalt herein. Auch diese kreuzt die Mittelachse und endet links vorne. Dieser Prozess wiederholt sich im mittleren Raum. Die vierte Gestalt kommt wieder von links dazu, wenn die dritte in der Mitte ist, und endet rechts. Die fünfte Gestalt tritt wieder von rechts auf und endet links. Die Mittelachse, dort wo die erste Gestalt steht, ist nun viermal überschritten worden. Dann erst tritt die sechste Gestalt hinter der ersten auf, wiederum durch die Mitte. Daraufhin bewegt sich die erste Gestalt auf der Mittelachse ganz nach vorne, wodurch sich die gesamte Aufstellung im Raum verwandelt. Das Pentagramm mit der Spitze hinten wird zum Bogen. Dieser Bogen ist nach hinten geöffnet. Der zuletzt Gekommene tritt in diesen Raum hinein. Dann kann der Vortakt beginnen.

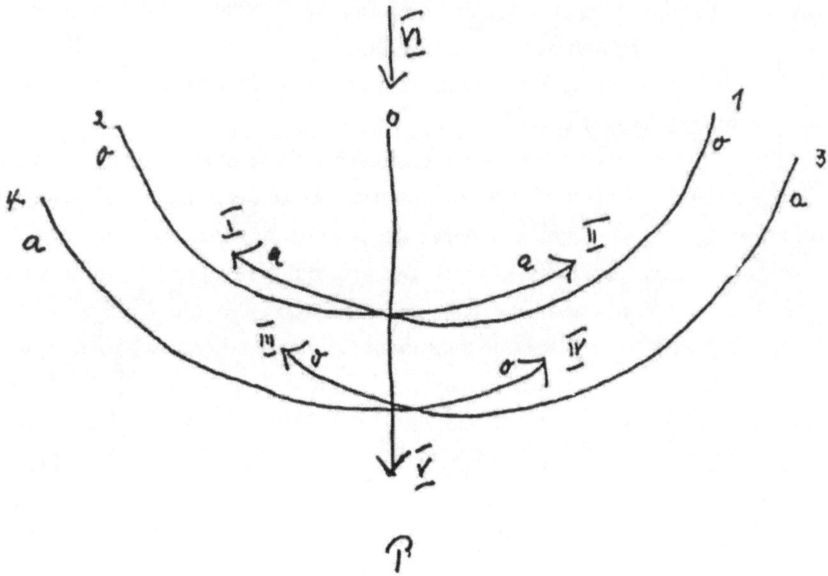

Eurythmieform des Hereinkommens bei den Worten der Grundsteinlegung

Schauen wir als Nächstes auf die Gesten, die Lautierung beim Hereinkommen und im Vortakt. Es sind die drei Vokale I, A und O. Durch alle drei Zonen durchgeführt, oben, in der Mitte und unten.

Anfang September 1912 gibt Rudolf Steiner an Lory Maier-Smits die ersten Vokalangaben in der Gestaltübung IAO. Noch gibt es keine Gesten, es werden Raumesrichtungen in Bezug auf die menschliche Gestalt geübt.

« Stellen Sie sich aufrecht hin und versuchen Sie eine Säule zu empfinden, deren Fußpunkt der Ballen Ihrer Füße und deren Kopfpunkt Ihr eigener Kopf, Ihre Stirne ist. Und diese Säule lernen Sie empfinden als I. Nun verlegen Sie den Kopfpunkt der Säule hinter den Fußpunkt, und das lernen Sie empfinden als A. Neigen Sie den Kopfpunkt der Säule vor den Fußpunkt und lernen Sie so ein O empfinden. » (GA 277a, S. 18)

Die menschliche Gestalt wird räumlich angesprochen. Die Bewegung ist äußerst sparsam, führt uns jedoch in drei verschiedene Raumesqualitäten: das A in den hinteren Raum, das O in den vorderen Raum und das I

Bilder der Vokale I, A und O (Eurythmiefiguren)

in den Raum dazwischen, es bildet einen Schnittpunkt zwischen vorne und hinten und kann nur auf einen Innenraum deuten. So bildet das I eine Mitte, eine Brücke zwischen zwei Welten. Dies wird dadurch verstärkt, dass das Gewicht beim I auf dem Ballen des Fußes ruht, das Rückgrat darüber also über die Brücke des Fußes, dort wo der Fuß die Erde nicht berührt, geführt wird. Bemerkenswert ist auch, dass wir vom A zum O nochmals über diese Brücke wandern. In den Worten Rudolf Steiners «lernen Sie empfinden» ist die seelische Aktivität des Übenden angesprochen, Ausgangspunkt ist dabei aber seine physische Gestalt auf der Erde, das Ich in seinem Leib.

Im Jahr 1924, im 1. Vortrag des Lauteurythmie-Kurses spricht Rudolf Steiner noch einmal umfassend aus: «IOA, das stellt vieles vom Seelischen dar, fast das ganze Seelische seinem Gefühlsleben nach: IOA». (GA 279, S. 55)

Das IAO umfasst die ganze Menschenseele. Der Dreiklang IAO ist Keim für Späteres. Schon einige Monate vorher, im Mai 1912 (GA 133, 6. Vortrag vom 14. Mai 1912), wird uns bereits die gewaltige Aufgabe, die in der Übung verborgen liegt, vor die Seele geführt: Sie führt uns zur Antwort auf die Frage nach dem Erdenziel unseres Lebens, das mit dem Leben des Christus-Impulses auf Erden verbunden ist.

Der Mensch, der in seinem Leib wohnt, ist auch hier Ausgangspunkt. Immer wieder (siebenmal hintereinander!) betont Rudolf Steiner dies als Bedingung für die Möglichkeit, über sich selbst hinauszuwachsen. Dreifach wird dieses Über-das-gewöhnliche-Ich-Hinauswachsen beschrieben: in der Entfaltung des Gewissens, in der Fähigkeit zu staunen und in der Liebe zu einem anderen Wesen. In seinem Gewissen kann der Mensch aus höherer Warte das alltägliche Ich mit seinen Sympathien, Antipathien und Trieben korrigieren, richten – die aufgerichtete Gestalt im I in ihrem labilen Gleichgewicht.

Im Staunen verlässt der Mensch seine Egoität, indem er sich der Welt öffnet, Platz macht, zurücktritt – dies ist das A im hinteren Raum.

Und in der Liebe verschenkt sich der Mensch, wenn er sich mit seinem Mitgefühl hinüberschwingt zu einem anderen Wesen – dies ist das O im vorderen Raum.

Was haben diese drei Impulse mit unserem Erdenziel zu tun, was wird durch sie entwickelt? Rudolf Steiner beschreibt, wie sich am Ende der Erdenentwicklung die physische Erde pulverisiert und wie nur eine geistige Substanz übrigbleiben wird. Was da übrigbleibt, ist die Substanz der Christus-Wesenheit, die sich seit dem Mysterium von Golgatha mit der Erde verbunden hat. Das Weiterleben des Christus-Impulses ist aber abhängig davon, inwieweit die Iche der einzelnen Menschen die drei Impulse des Gewissens, des Staunens und der Liebe entfaltet haben werden.

«Was sich in der Menschheitsentwicklung, die mit dem Mysterium von Golgatha begonnen hat, auf der Erde auslebt seit dem vierten nachatlantischen Kulturzeitraum an Erstaunen oder Verwunderung über die Dinge, alles was in uns leben kann als Erstaunen und Verwunderung, das geht endlich an den Christus heran und bildet mit den Astralleib des Christus-Impulses. Und alles, was in der Menschenseele Platz greift als Liebe und Mitleid, das bildet den ätherischen Leib des Christus-Impulses, und was als Gewissen in den Menschen lebt und sie beseelt, von dem Mysterium von Golgatha bis zum Erdenziele hin, das formt den physischen Leib oder das, was ihm entspricht, für den Christus-Impuls. So bekommt ein Ausspruch des Evangeliums erst seine wahre Bedeutung: ‹Was ihr getan habt einem unter diesen meinen geringsten Brüdern, das habt ihr mir getan!›» (GA 133, Vortrag vom 14. Mai 1912)

Am Ende dieses Vortrags wirft Rudolf Steiner die Frage auf, wie heute eine künstlerische Darstellung des Christus-Antlitzes aussehen könnte. Die Stirn müsste so gebildet sein, dass in ihr nicht Grübeln, sondern Staunen zum Ausdruck kommt; die Augen müssten Mitgefühl ausströmen und dem Mund müsste man ansehen, dass er nicht zum Essen da ist, sondern zum Aussprechen der Wahrheit. Zu der Zeit, als Rudolf Steiner diesen Vortrag hielt, hatte er die Arbeit am Menschheitsrepräsentanten noch nicht angefangen. Die von ihm beschriebenen Züge des Christus lassen sich jetzt aber unschwer in ihm wiederfinden – ein Antlitz gebildet aus Staunen, Gewissen und Mitgefühl, aus A, I und O.

Alles was der Mensch an Staunen, Mitgefühl und Gewissen unentwickelt lässt, entzieht der Christus-Wesenheit Leben. Unwahrhaftigkeit, Hass, Neid, Gleichgültigkeit nähren andererseits die Wesen, die dem Menschheitsrepräsentanten zur Seite gestellt sind. Neben der IAO-Gestalt werden wir korrumpierte Vokal-Kräfte gewahr. Und das in dem Sinn, dass in ihnen das Böse als das Gute am falschen Ort zum Ausdruck kommt. Verdrehen wir das A und holen es vom hinteren in den vorderen Raum, verwandelt es sich von einer seelischen Öffnung zu einer Geste, die den vorderen Raum beherrschen will. Diese Geste bildet die Grundlage für die eurythmische Gestaltung von ahrimanischen Wesen.

Auch das O kann diese seelische und räumliche Verdrehung erleiden: Nehmen wir die Geste aus dem vorderen in den hinteren Raum hinein und bleiben mit unserem Fühlen selbstbezogen, so saugen wir mit ihr anderes Leben an uns heran, statt uns in die Welt zu verströmen. Hierin haben wir die Grundlage für die eurythmische Gestaltung der luziferischen Wesen.

In diesem plastischen Kunstwerk des Menschheitsrepräsentanten erweitert sich die IAO-Übung von 1912 um einen gewaltigen Schritt und die sensible Labilität der I-Geste bekommt hier ihre volle Bedeutung.

Es werden also verschiedene Raumesrichtungen angesprochen, alle in Bezug auf die menschliche Gestalt. Dabei ist die Ausgangslage der Mensch in seiner Aufrechten. Wir lernen diese Haltung empfinden als I. Die Bewegungen, die nun folgen, sind wie erwähnt äußerst sparsam. Wir lernen das A empfinden durch eine kleine Bewegung nach hinten und kommen in den hinteren Raum, die Füße bleiben auf der Erde, nur die Gestalt lehnt sich ein wenig zurück. Dann folgt eine kleine Bewegung nach vorne, die Gestalt ist nun im vorderen Raum. Dieses Verhältnis zur Erde lernen wir empfinden als O.

Die Angaben werden gegeben durch das Verhältnis Fuß und Stirn: gerade darüber, etwas dahinter, etwas davor. Mit dieser einfachen Übung machen wir die Erfahrung, Bürger von zwei Welten zu sein. Es gibt eine Welt hinter uns, es gibt eine Welt vor uns. In der Mitte stehen wir auf der Brücke zwischen beiden Welten. Wir sind Grenzgänger, schon in unserer Gestalt!

Die Mitte, das I, die Brücke, wird umso stärker erlebbar, wenn man versucht, das Rückgrat gerade über der Brücke des Fußes schweben zu lassen. Diese wunderbare Wölbung im Fuß, dort, wo wir gerade nicht die Erde berühren, ist eine dauernde Brücke, die wir immer mit uns tragen.

Nun führt Rudolf Steiner im Vor- und Nachtakt-Ritual das IAO durch alle Zonen: oben, Mitte und unten.

Im Nachtakt der ersten drei Strophen wird die ursprüngliche Lautfolge IAO dann abgewandelt. Das ‹O›, das mitfühlende Element in der Mitte, wird zum ‹M›. Das I und das A bleiben. Was sagt uns diese neue Lautfolge? Ein Vokal wird zum Konsonanten. Innerseelisches wird Außenwelt. Das eurythmische ‹M› ist Raum-bejahend, dringt verständnisvoll ein, sympathisch sich verbindend mit der Substanz der Welt. Hinter dieser Lautkraft steht der Wassermann, der einzig Schreitende, sich Bewegende im Tierkreis. Können wir hier einen Übergang, ein Verbindungsglied zur vierten Strophe erleben? Dazu hilft es, sich das Bild des Menschheitsrepräsentanten vor Augen zu führen. Die mittlere Gestalt als schreitend, raumbejahend, die beiden Widersacher um ihn herum, oben im Licht und unten in der Dunkelheit. Der Abschluss der jeweiligen Strophen richtet sich vom Kosmos nun wieder zur Erde, wird ‹global›: «Menschen mögen es hören!» Wie bedeutungsvoll klingt nun in diesem Zusammenhang das doppelte ‹M›. Übrigens sprach Rudolf Steiner in der Weihnachtstagung den letzten Satz in dieser Form nur einmal, am 25. Dezember, und später an den darauffolgenden Tagen nicht mehr.

> «Das hören die Elementargeister
> im Osten, im Westen, im Norden, im Süden:
> Menschen mögen es hören.»

Die Druckversion dieses Satzes im Nachrichtenblatt vom 13. Januar 1924 ist aber leicht abgewandelt:

> «Das hören die Geister in Ost, West, Nord, Süd:
> Menschen mögen es hören.»

Die Lautkräfte und die dahinter wirksamen Planeten- und Tierkreiskräfte im ganzen Text zu besprechen, sprengt den Rahmen dieses Buches. Derartige Forschung kann allerdings eine Vertiefung der inneren Arbeit an der Grundsteinmeditation bedeuten. Exemplarisch sei dies am Laut W und der dahinter wirksamen Widder-Kraft zur Ermutigung einer derartigen Arbeit dargestellt.

Rudolf Steiner behandelt das W im sogenannten Lautkurs (Eurythmie als sichtbare Sprache, GA 279) erst im 15. Vortrag. Eine Charakterisierung dieses Blaselautes sei ‹die bewegliche Hülle›. Und im Weiteren:

> «Man trägt etwas an sich, wie einen sich immer erneuernden Schutz. Und alles dasjenige, was hinwandelt, dessen Wesen in der Bewegung liegt, das wird empfunden in dem Laute W.»

In einem Notizbuch von 1924 heißt es:

> «W: es ist der Laut, der wellend trägt
> – der auf seinem Rücken die Fortbewegung hat –»

Die Eurythmiefigur W ist die einzige Figur mit runden Formen und einem Schleier über dem Kopf. Der Laut kommt nicht in der sogenannten Evolutionsreihe (das ist die von Rudolf Steiner gegebene Lautreihenfolge B M D, N R L, G CH F, S H T) vor und kann vielleicht als ein Präludium dieser Reihe gesehen werden. Ist doch die Bewegung der Geburt eines neuen Erdenbürgers wie die Welle des Ws. Erst sehr viel später kann das kleine Kind den Kopf selbst auf dem Rumpf halten, und dazu braucht es die Widderkraft!

Der Widder ist ‹der Erste› im Tierkreis, verbunden mit der Auferstehungskraft des Osterfestes. Er hängt zusammen mit unserem Kopf und wird in der Eurythmie mit rotem Kleid und Schleier dargestellt. Das Rot finden wir auch in der Charakterfarbe der Eurythmiefigur des W. Es ermöglicht

Bild des Lauts W (Eurythmiefigur)

mit seiner Kraft die Aufrechte aus dem horizontalen, ja fast schwimmenden Bewegen im Blau. Der violette Schleier, der wie bereits erwähnt bis über dem Haupt webt, umrahmt die menschliche Gestalt geheimnisvoll.

Nun schauen wir auf das W in den ersten drei Strophen. In allen dreien finden wir eine Kulmination des W ab der siebten Zeile:

« **W**o in waltendem
Welten-Schöpfer-Sein
Das eigne Ich
Im Gottes-Ich
Erweset;
Und du wirst wahrhaft leben ... »

« **W**o die wogenden
Welten-**W**erde-Taten
Das eigne Ich
Dem **W**elten-Ich
Vereinen;
Und du wirst wahrhaft fühlen ... »

« **W**o die ew'gen Götterziele
Welten-**W**esens-Licht
Dem eignen Ich
Zu freiem **W**ollen
Schenken;
Und du wirst wahrhaft denken ... »

Die W-Kraft wird durch die Aktivität der Menschenseele in den drei Übungen freigesetzt, sodass eine kräftige Bewegung in Gang kommt.

Für den Umgang mit den Tierkreiskräften sei noch auf folgendes Beispiel hingewiesen, auf das Wort ‹ wahrhaft ›. Das doppelte A wird umrahmt von den Lauten W, H, R, H, F und T. Die Bewegung, die mit diesen Konsonanten durch den Tierkreis vollzogen wird, ist die vom Widder zum Löwen, ohne eine einzige dazwischen liegende Kraft auszulassen. Widder, Zwillinge, Stier, Zwillinge, Krebs und Löwe.

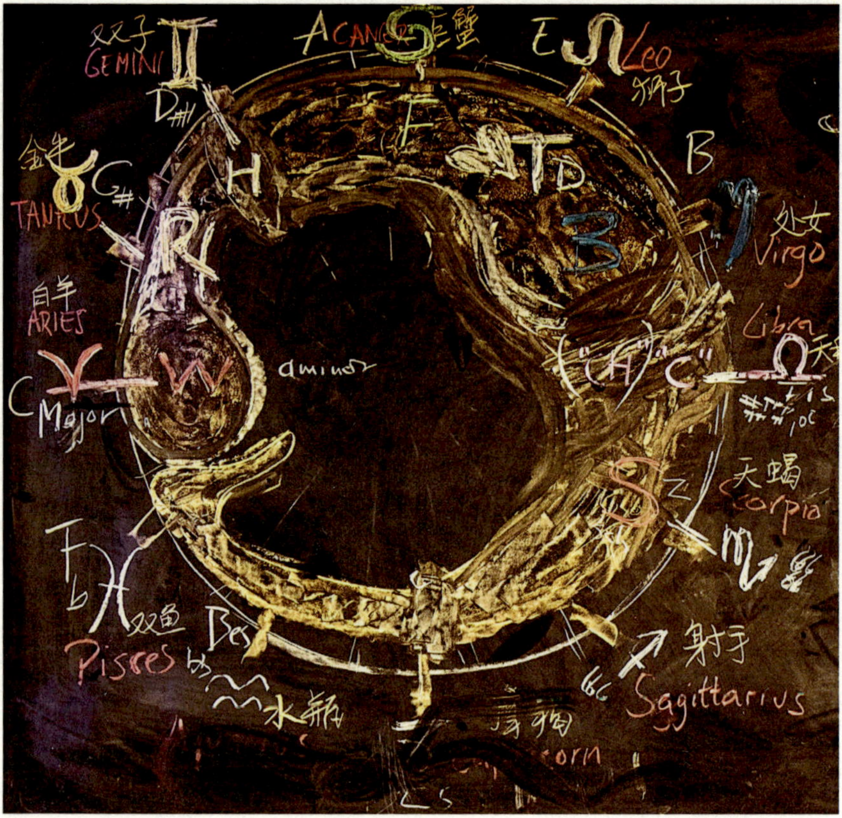

Zuordnung Tierkreis und Laute

An der menschlichen Gestalt abgelesen ergibt sich im Wort ‹wahrhaft› der Weg vom Kopf bis zum Herzen. Und farblich, wenn man die Zuordnung der zwölf Farben zu den Tierkreisqualitäten berücksichtigt, ein Steigen des Lichtes im Tagesbogen von Rot über Orange, Gelb und Grün zum Blau. Dem gegenüber bewegt sich das letzte Wort im Grundsteinspruch, das Wort *‹wollen›*, ganz anders im Tierkreis. Wiederum vom Widder ausgehend ‹springt› das Wort herunter, in den Nachtbogen, zum tiefsten Punkt, zum Steinbock mit dem Doppel-L. Die Farbe ist hier Pfirsichblüt, und es ist im Jahreslauf die Weihnachtszeit. Dann geht der Weg zurück zu den Fischen mit dem N, rötlich, die Hände und Füße betreffend. Diese Beschreibungen sollen nur Anregungen sein für eigene Untersuchungen!

Kehren wir zurück zum Dreiklang IAO. Dieser kehrt in der vierten Strophe wieder, diesmal allerdings nicht im Vor- und Nachtakt, sondern im Text selbst. Der Dreiklang wird von den jeweils stehenden Eurythmisten – die, die in diesem Moment keine Raumform zu bewegen haben – gestaltet, wiederum durch alle drei Zonen; oben, in der Mitte und unten.

Wenn wir das Räumliche betrachten, das heißt auf das schauen, was im Raum geschieht, so können wir zuerst feststellen, dass die drei ersten Strophen durchgehend dieselbe Aufstellung beibehalten. Immer ist es derselbe Standpunkt im Raum, in den alle Formen zurückkehren; in dem Sinn gibt es in den ersten drei Strophen keine Raumentfaltung. Der durch die Umwandlung des Hexagramms in das Pentagramm gestaltete Raum bleibt immer der Gleiche, durch alle drei Strophen hindurch.

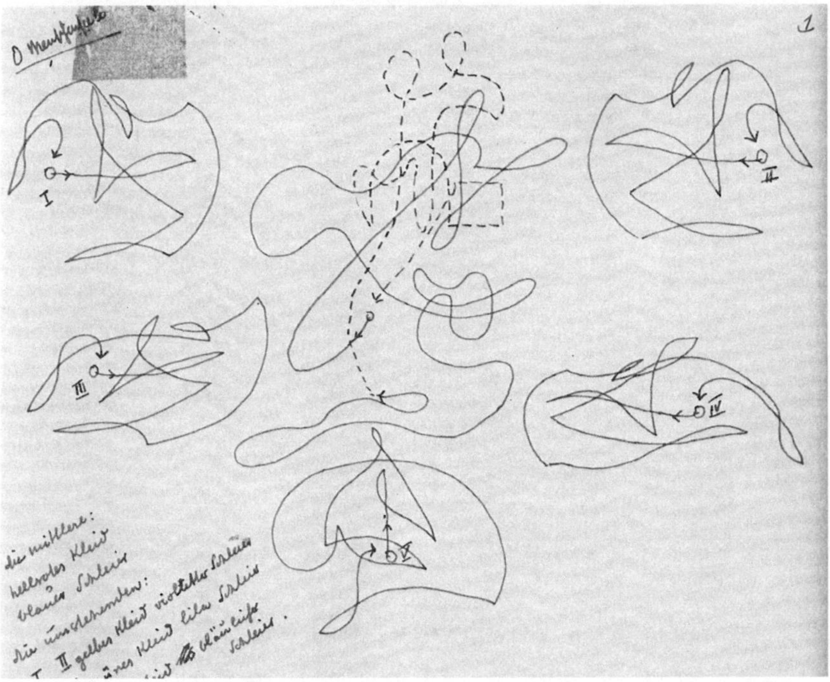

O Menschenseele
2

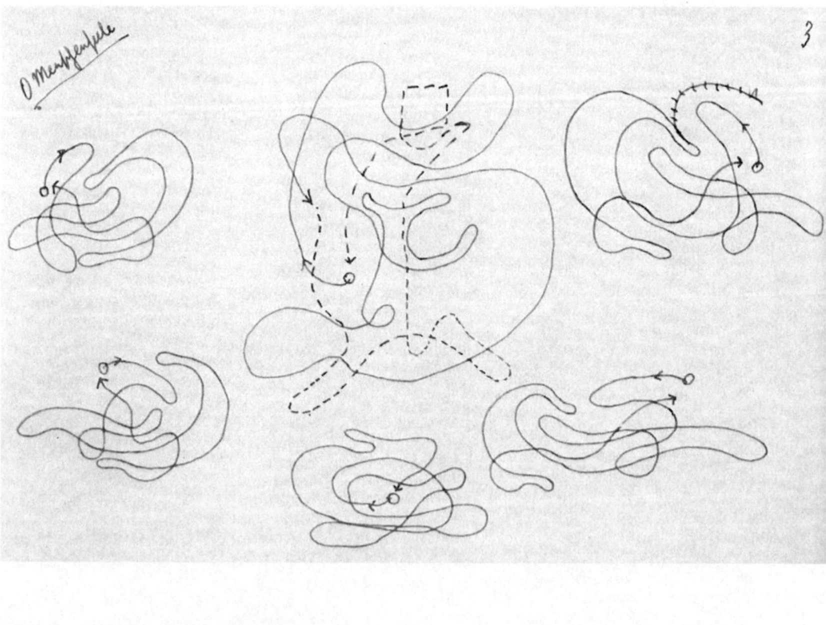
O Menschenseele
3

Das Stehen in der Eurythmie heißt bei Rudolf Steiner immer, dass man Bild von etwas ist. Diese Gestaltung gibt dem Ganzen eine Art von Ruhe, die Bewegung ist eine innerliche, hauptsächlich von den Eurythmisierenden im Innersten des Raumes dargestellt.

Die Formen der Umstehenden wiederholen sich innerhalb einer Strophe drei- bis viermal.

Man kann die Gruppe von fünf Umstehenden als eine Membram für die innere Gestalt auffassen, die Formen atmen wie um diese Gestalt herum zwischen innen und außen. Es folgt jeweils zwischen den Strophen eine Dunkel-Pause, die diese radikal voneinander absetzt.

In der vierten Strophe sind es wiederum sechs Eurythmisierende. Diese sechs agieren nun aber in einem völlig anderen Verhältnis. Schauen wir auf die Unterschiede zwischen den ersten drei Strophen und der vierten.

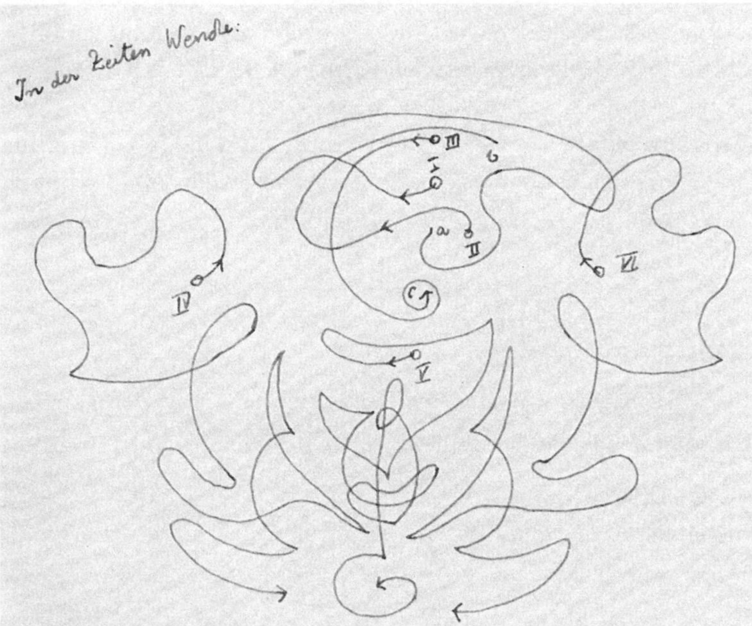

Grundsteinspruch von Rudolf Steiner, Eurythmieformen der ersten, zweiten, dritten und vierten Strophe

Die Raumesformen der vierten Strophe sind zwischen vorne und hinten ausgerichtet, nicht mehr auf ein Innen und Außen. Es gibt nun zwei ‹Gruppen› von jeweils drei Eurythmisten. Die Formen entwickeln sich jetzt im Raum: die Gestaltung kommt im Lauf des Spruches von ganz hinten im Bühnenraum nach ganz vorne. Die Zweiteilung in den Gruppen ist inhaltlich bedingt: die erste Dreiergruppe von drei bewegt sich hinten im Raum, während der Legende des Spruches. Dabei gestalten die drei nacheinander jeweils ein Motiv, zuerst wie in einem Flügelschlag zwischen rechts und links in der Horizontalen. Dann aber, im dritten Motiv, im Raum nach vorne kommend, und dann einwickelnd, die nächste Gruppe von drei Eurythmisierenden wie anstoßend.

Die zweite Gruppe ‹atmet› mit ihren Formen zwischen innen und außen und kommt allmählich immer weiter nach vorne, um an der Rampe zu enden mit dem letzten Wort ‹wollen›.

Immer wenn im Text das Licht angesprochen wird, atmen die drei nach hinten, um danach sogleich wieder weiter nach vorne zu kommen.

Was für Gegensätze zwischen den Formen der ersten drei Strophen und der vierten!

Auch hier ein Hinweis auf die Lautkraft des ‹W› im Text: Dreizehnmal ‹schlängelt› es sich durch die Strophe. Zuerst viermal in den mächtigen Bildern des Anfangs:

> Zeiten-**W**ende
> **W**elten-Geistes-Licht
> **W**esensstrom;
> ausgewaltet

Dann nimmt sich das W kurz zurück, um in der Mitte dreimal zu erklingen:

> erwärmet
> weisen
> Erwärme

Eine Kulmination des W ergibt sich dann, stark aus dem Inneren die Menschenseele impulsierend, im letzten Satz:

werde
Was wir
Was wir
wollen.

Das Vortakt-Ritual der vierten Strophe umfasst im Gegensatz zu den Vokalen im Vortakt der ersten drei Strophen Konsonanten und Tierkreiszeichen. Es sind dies die Waage und der Konsonant C, der Stier und der Konsonant R. Gerne wird hier auf die Initialen von Christian Rosenkreutz hingewiesen. Im Nachtakt in umgekehrter Reihenfolge: R und C für ‹rosae crucae›. In den 60er-Jahren hat Ilona Schubert während Proben in Zürich diese Antwort auf die Frage einer Eurythmistin nach der Bedeutung dieser Laute und Gesten gegeben.

Das Hereinkommen von zwei Seiten im Waage-Zeichen deutet auf die zwei Menschheitsströme hin, die in der Mitte zusammenkommen, sich kreuzen und dann in einer hinteren und einer vorderen Gruppe zur Ruhe kommen.

Im Bild der Meditation gesprochen sind diese Menschengruppen die Vertreter der Hirten und der Könige. So gesehen kann diese Meditation auch als Aufruf zur Zusammenarbeit erlebt werden. Hans Peter van Manen beschreibt die Herkunft und die Aufgabe dieser beiden Strömungen in seinem Buch *Christussucher und Michaeldiener* ausführlich und einleuchtend.

Dann wird das C eurythmisiert, von unten nach oben und wieder zurück in das Waage-Zeichen. Wir haben keine Eurythmiefigur für das C, denn das C klingt in unseren Sprachen nicht mehr. Und doch haben wir Angaben für diesen besonderen Laut. Es wird im C etwas nachgeahmt, was in Bewegung ist, ein Stoßen. Dieses stoßende Bewegen zielt aber ins Leichte hinein, der C-Laut bringt gewissermaßen das Materielle ins Geistige hinein und hebt es auf: das Leichtsein andeutend. Und auch: andeutend, dass ein Materielles durch das Geistige überwunden werden kann. In der Waage wird das seelische Gleichgewicht angesprochen. Kommend zu der Stier-Geste – so wird diese schlicht mit der Tat in Verbindung gebracht –, sie wird von dem Eurythmisierenden angesetzt, und von da aus wird das R ganz heruntergeführt, worauf dann die Sprache einsetzt.

Wiederum sind wir erinnert an die Gestalt der Schlange und ihre Verwandlungen im *Märchen.*

Im Übrigen ist der Nachtakt eine Spiegelung des Vortakts, dasselbe Ritual wird rückwärts gestaltet, sodass die beiden Gruppen, wiederum links und rechts hinten, die Bühne verlassen.

Zu der Lautierung des ganzen Spruches gibt Rudolf Steiner explizite Angaben zu den Zonen. Die erste Strophe ganz unten, die zweite in der mittleren Zone und die dritte ganz oben. Zwei Ausnahmen sehen wir hier: in der ersten Strophe verlässt man die untere Zone bei *«Lasset aus den Höhen erklingen …»*, um hinauf zu gehen, und in der dritten Zone vergleichsweise bei «Lasset aus den Tiefen erbitten …» hinunter und gleich wieder hinauf zu gehen. Dabei sind zusätzlich noch einige Nuancen zu betrachten. Bei der Übung in der ersten Strophe sollen sich die Eurythmisierenden mit der ganzen Gestalt nach unten beugen. Dies ist nicht zu verwechseln mit der Angabe für die Vergangenheit, die ebenfalls in der unteren Zone gemacht werden sollte. Hier geht es um das Erinnern. Dabei gibt Rudolf Steiner uns eine zusätzliche Nuance zu der Vergangenheit hinzu: man solle die Knie beugen. Die Gestalt wird so zu einer Mondsichel gebildet. In der mittleren Strophe gibt es zudem die Besonderheit, dass sich die Eurythmisierenden mit der Form nach links und rechts mitwenden, also in der Horizontalen mit den Formen mitschwingen. Ausdrücklich bei dem Satz «lasset vom Osten befeuern, was durch den Westen sich formet» sollte eine Bewegung von ganz links nach ganz rechts und wieder zurück in die Mitte gemacht werden. Ich werde oft gefragt, was ‹links› und ‹rechts› hier in Bezug auf Ost und West bedeutet. Sind die Richtungen doch weder die realen Raumesrichtungen noch für das Publikum zusammenhängend. Es ist interessant zu untersuchen, wann Rudolf Steiner die Richtungen auf die Gestalt der Eurythmisten bezieht und wann auf die Wahrnehmenden im Publikum. Hier ist es die Aufforderung, sich mit den Darstellern zu identifizieren: Osten ist für diese rechts, der Westen links. Schauen wir auf die Erscheinung der Widersacher in den Mysteriendramen, so sehen wir Luzifer links und Ahriman rechts im Bühnenraum. Wir sehen die Wesen in ihrer Welt.

Wiederum anders ist es, wenn wir auf die Holzstatue des Menschheitsrepräsentanten schauen: Luzifer erscheint zu *seiner* Linken, Ahriman zu *seiner* Rechten.

Zum Schluss noch ein Hinweis auf die Verhältniswörter (Präpositionen). Diese werden in der Eurythmie durch seitliche Biegungen im Oberkörper dargestellt. Im Genitiv rechts oder links nach hinten, im Dativ rechts oder links nach vorne, im Akkusativ rechts oder links seitlich. Es sind diese Biegungen eine wichtige Angelegenheit im eurythmischen Ausdruck. Sie geben die Richtung in der Sprache an. Welche Präpositionen treffen wir in den «Worten der Grundsteinlegung» an?

Es kann einem ein wenig pedantisch vorkommen, diese zu zählen, aber ich habe beim Eurythmisieren immer bemerkt, dass sie eine große Aussagekraft haben.

In den ersten drei Strophen herrscht eindeutig die Präposition «in» vor. Sie klingt neun Mal, in der zweiten Strophe acht Mal und in der dritten Strophe sieben Mal an. Daneben gibt es die Verhältniswörter ‹aus›, ‹durch› und ‹von›.

In der ersten Hälfte der vierten Strophe, der Legende, klingt drei Mal ‹in›, im Gebet erklingt zweimal ‹aus›. Wir finden ein harmonisches Wechselspiel zwischen ‹in› in der ersten Hälfte und ‹aus› in der zweiten Hälfte. Dativ und Akkusativ wechseln einander dabei ab.

5. Die 7 Rhythmen

Innerhalb der Weihnachtstagung bringt Rudolf Steiner an sieben aufeinander folgenden Tagen die sieben sogenannten ‹Rhythmen der Grundsteinlegung›, und zwar ab Mittwoch, dem 26. Dezember 1923. Diese Rhythmen sind aufeinander bezogene Teile aus dem Spruch, aufgeteilt in sieben verschiedene Gliederungen. Warum gibt nun Rudolf Steiner diesen Teil-Meditationen den Namen *Rhythmen*? Dazu können wir die Frage stellen: Was heißt eigentlich ‹Rhythmus›? Wir kennen den Rhythmus hauptsächlich als zeitliches Phänomen, in der Musik wie auch in der Sprache. Und das bereits seit der Antike. Aber in einem umfassenderen Sinn ist Rhythmus eine Gliederung von Bewegungen, nicht nur nacheinander, sondern auch nebeneinander wie in den verschiedenen Teilen der ‹Grundsteinlegung›. Es sind Bewegungen, die aufeinander bezogen einen neuen Sinn ergeben. Im Rhythmus finden wir des Öfteren Polaritäten, die, wenn sie aufeinander wirken, eine Steigerung erfahren können. Polaritäten wie innen/außen, licht/dunkel, oben/unten usw. Die Bewegungen in den 7 Rhythmen des Grundsteinspruchs ertönen aus dem Weltenwort und bilden in unserem Innern diese rhythmisierte Gestalt. Eine neue Bewegungsordnung, eine geistige Struktur, das, was den Bewegungen einen Halt gibt, kommt so zustande. In unseren eigenen Seelen entstehen diese Rhythmen, *damit sie uns nicht verlassen können,* so Rudolf Steiner. Er bezeichnet diese Rhythmen am 1. Januar 1924 als Abbild von Sternkonstellationen.

Am Dienstag, dem 25. Dezember erklang der ganze Grundsteinspruch zum ersten Mal, und am Mittwoch, dem 26. Dezember spricht Rudolf Steiner den 1. Rhythmus.

«Und wir kommen mit solchen, aus dem Weltenworte heraus gehörten Sprüchen zurecht, wenn wir sie in unseren eignen Seelen so gliedern, dass sie uns nicht verlassen können. Und sie werden sich gliedern können, wenn Sie herausheben zunächst aus dem, was also erklungen hat, dasjenige, was Ihnen den Rhythmus geben kann.»

In der Einführung, die zum 1. Rhythmus führt, nennt Rudolf Steiner das Wort Rhythmus siebenmal. Das Wort prägt sich uns ein!

Beim 3. Rhythmus, dem Rhythmus des Freitags, wird es noch deutlicher, dass wir es mit inneren Bewegungen zu tun haben. Diese inneren Bewegungen entstehen nur, wenn die menschliche Seele sie innerlich aufbaut. Es heißt dort in den hinleitenden Worten:

«... den inneren Rhythmus in die Seele schreiben, der uns nahebringen kann, wie aus dem Weltenrhythmus heraus gerade diese Worte ertönen.»

Es ist hier nicht der Ort, die 7 Rhythmen als Meditationsinhalte tiefergehend anzuschauen. Als Anregung sei auf das Buch «Der Grundstein» von Willem Zeylmans van Emmichoven hingewiesen. Er geht darin näher auf die Bezüge der Qualitäten der Wochentage und der Planeten ein.

Mein Versuch wird es sein darzustellen, wie Rudolf Steiner in den 7 Rhythmen einen Weg verfolgt. Einen Weg vom ‹Wesen› zum ‹Werk›, oder vom ‹Werk› zum ‹Wesen›, so wie wir das bei der Anschauung des ganzen Spruches auch schon gemacht haben. Die Bögen, die Rudolf Steiner in der Weihnachtstagung schlägt, sind als ein Weg vom ‹Werk› zum ‹Wesen› zu betrachten.

Nun schauen wir zuerst einmal auf die einzelnen Rhythmen und auf ihre Bezüge zu der Vierheit ‹Wesen›, ‹Offenbarung›, ‹Wirksamkeit› und ‹Werk›.

Im Folgenden werden die während der Weihnachtstagung entstandenen Wandtafelanschriebe Rudolf Steiners zugrunde gelegt. Wie bereits weiter oben beschrieben, weichen diese mitunter von der schriftlichen Fassung des Grundsteinspruchs ab. Die Einfügungen in eckigen Klammern stammen von der Autorin.

1. Rhythmus

Geist-Erinnern	*Geist-Besinnen*	*Geist-Erschauen*

Am Anfang des 1. Rhythmus stehen die drei Übungen. Die Menschenseele wird zum Geist-Erinnern, Geist-Besinnen und Geist-Erschauen aufgefordert. Das Werkzeug dazu ist ihr in der Dreigliedrigkeit des Leibes gegeben; die Glieder, der Herzens-Lungen-Schlag und das ruhende Haupt. *So* fängt der Weg durch die Rhythmen an – die Ausgangslage ist das *‹Werk›*, die menschliche Gestalt.

Diese drei Übungen werden in ein Verhältnis gebracht mit den folgenden Zeilen:

Das eigne Ich	*Das eigne Ich*	*Das [Dem] eigne[n] Ich*
Im Gottes-Ich *Erweset*	*Dem Welten-Ich* *Vereinen*	*Zu freiem Wollen* *Schenken*

Es erklingt zum ersten Mal im Spruch das Wort ‹Ich›, und zwar das ‹eigne Ich›. Der Bezug zum Gottes-Ich, zum Welten-Ich und zum freien Wollen wird hier dargestellt. Die Verben ‹Erweset›, ‹Vereinen› und ‹Schenken› umfassen die *Wirksamkeit* des ‹Weltenschöpfer-Sein›, der ‹Weltenwerde-Taten› und der ‹ew'gen Götterziele›.

2. Rhythmus

Der 2. Rhythmus fängt da an, womit der 1. endete. Wir sind in der Kraft der Wirksamkeit. Hinzugefügt sind die Worte ‹leben›, ‹fühlen› und ‹denken›. Sie beziehen sich auf die Wirksamkeit der drei Übungen.

Dieser Inhalt entstammt noch immer dem mikrokosmischen Teil der Meditation. Wir befinden uns nach wie vor in der ‹Wirksamkeit›.

Das eigne Ich	*Das eigne Ich*	*Dem eignen Ich*
Im Gottes-Ich	*Dem Welten-Ich*	*Zu freiem Wollen*
Erweset	*Vereinen*	*Schenken*
leben	*fühlen*	*denken*

Dann folgen diese Worte:

Menschen-Welten-Wesen   Menschen-Seelen-Wirken   Menschen-Geistes-Gründen

Die Wirksamkeit wird verortet.

3. Rhythmus

Der 3. Rhythmus beginnt wie der 1., ausgehend vom ‹Werk›.

Übe Geist-Erinnern

Dann folgt, verweilend bei der ersten Strophe:

Denn es waltet der Vater-Geist der Höhen
In den Weltentiefen Sein-erzeugend.

Übe Geist-Besinnen
Denn es waltet der Christus-Wille im Umkreis
In den Weltenrhythmen Seelen-begnadend.

Übe Geist-Erschauen
Denn es walten des Geistes Weltgedanken
Im Weltenwesen Licht-erflehend.

Das Nebeneinander der Zeilen der ersten zwei Rhythmen wird nun im 3. Rhythmus aus der Perspektive des Tafelbildes ein Nacheinander.

Der <Vater-Geist>, der <Christus-Wille> und <des Geistes Weltgedanken> kommen zur *Offenbarung*. Das Mikrokosmische wird hier zum ersten Mal auf den makrokosmischen Teil des Spruchs bezogen. Die Trinität und wie sie sich offenbart wird verbunden mit dem Üben des <Geist-Erinnern>, <Geist-Besinnen> und des <Geist-Erschauen>.

4. Rhythmus

Im 4. Rhythmus bleiben wir im Nacheinander der Zeilen. Wiederum steht zu Anfang das Üben. Wir sind wieder beim <Werk>. Bei den ersten zwei Rhythmen sehen wir die Teile aus den drei Strophen immer nebeneinander, das heißt nebeneinander Zeilen aus den drei Strophen. Ab dem 3. Rhythmus bleibt der Rhythmus zuerst innerhalb von einer Strophe, danach erst kommt er zur zweiten Strophe und dann der dritten.

Übe Geist-Erinnern
S. Ch. T
Lasset aus den Höhen erklingen,
Was in den Tiefen das Echo findet.

Übe Geist-Besinnen
K. D. Ex.
Lasset vom Osten befeuern,
Was durch den Westen sich gestaltet.

Übe Geist-Erschauen
A. AA. Ang.
Lasset aus den Tiefen erbitten,
Was in den Höhen erhöret wird.

Nach der Zeile, die sich auf das Üben bezieht, wird ein gewaltiger Schritt vollzogen. Die Hierarchien werden angesprochen, sogar mit ihren Namen. Diese Namen kommen so in der geschriebenen Fassung des Spruchs nicht vor. Da werden sie als <Kräfte-Geister>, <Lichtes-Geister> und <Seelen-Geister> benannt. In der folgenden Anrufung der Hierarchien wird eine Bewegung zum *<Wesen>* hin vollzogen.

5. Rhythmus

Im 5. Rhythmus sind wir, den Anfang wieder aufgreifend, beim Nebeneinander, und zwar wiederum bei den drei Üb-Sätzen.

Dieser Rhythmus geht also wiederum vom *‹Werk›* aus.

[Übe] Geist-Erinnern Übe Geist-Besinnen Übe Geist-Erschauen

Anschließend folgt der Abschluss der vierten Strophe. Es ist an diesem Sonntag der Weihnachtstagung das erste Mal, dass Rudolf Steiner die ersten drei Strophen auf die vierte Strophe bezieht.

Dass gut werde,
Was wir aus Herzen
gründen,
aus Häuptern zielvoll
führen
wollen.

Anfang und Ende des ganzen Spruchs werden miteinander verbunden. Es ist der größtmögliche Bogen, den Rudolf Steiner hier schlägt. Und doch, auch hier haben wir es mit dem *Werk* zu tun. Die ersten drei Strophen gehen den Weg vom ‹Werk› zum ‹Wesen›, die vierte Strophe vom ‹Wesen› zum ‹Werk›. Hier, im 5. Rhythmus, sind wir ausschließlich auf das Menschen-Werk gerichtet. Zuerst als Übung, zum Schluss als Gebet.

6. Rhythmus

Der 6. Rhythmus fängt mit einem Teil aus der vierten Strophe an. Das göttliche Licht, die Christus-Sonne steht uns als *Offenbarung* vor Augen.

Göttliches Licht
Chr.-Sonne

Das hören die Elementargeister
von
O. W. N. S.
Menschen mögen es hören!

Die darauffolgenden Zeilen sind die abschließenden Zeilen aus den drei ersten Strophen. Das hohe Lichtwesen wird mit der ganzen Erde in Verbindung gebracht. Zuerst mit allen Elementarwesen, die die Inhalte aufgenommen haben, und dann mit der Hoffnung auf die ganze Menschheit. Mit unserem gemeinsamen *Werk.*

7. Rhythmus

Der 7. Rhythmus setzt uns wiederum mit dem Menschenleib in Verbindung; den Gliedern, dem Herzens-Lungen-Schlag und dem Haupt. Die Struktur des Rhythmus ist wieder im Nacheinander aufgebaut. Die Ausgangslage also aufs Neue im ‹*Werk*›.

Du lebest in den Gliedern

Denn es waltet der Vater-Geist der Höhen
In den Weltentiefen Sein-erzeugend.

Du lebest in dem Herzens-Lungen-Schlage

Denn es waltet der Chr.-Wille im Umkreis
In den Weltenrhythmen Seelen-begnadend.

Du lebest im ruhenden Haupte

Denn es walten des Geistes Weltgedanken
Im Weltenwesen Licht-erflehend.

Die trinitarischen Sätze folgen, es sind die ‹*Offenbarung*› und ihre *Wirksamkeit* in den Tiefen, im Umkreis und in den Höhen angesprochen.

Zusammenfassend

1. Rhythmus, am Mittwoch	Vom Werk
2. Rhythmus, am Donnerstag	Wirksamkeit
3. Rhythmus, am Freitag	Vom Werk zur Offenbarung
4. Rhythmus, am Samstag	Vom Werk zum Wesen
5. Rhythmus, am Sonntag	Vom Werk – zum ersten Mal Bezug zur 4. Strophe

6. Rhythmus, am Montag — Von der Offenbarung zum Werk
7. Rhythmus, am Dienstag — Vom Werk zur Offenbarung

Es ist der Weg vom Geist-Anschauen zum Geist-Leben, den wir hier gehen können. Die ganzheitliche Bewegung vom 1. bis zum 4. Rhythmus ist eine vom ‹Werk› zum ‹Wesen› aufsteigende. Dann, am Sonntag, gibt es zum ersten Mal ein Aufeinanderbeziehen der drei ersten Strophen auf die vierte. Die vierte Strophe *beleuchtet* nun die ersten drei. Im Bild von Goethes Märchen ist es der Gang vom Tempel über die Brücke. Der innere Schauplatz ist der neugebildete Vorhof des Tempels, dort, wo im Märchen die Sonnenuhr mit den Bildern der zwölf Tierkreiszeichen erschienen ist.

Wir üben unsere Erdenaufgaben: die Entwicklung von Freiheit und Liebe, *für den Fortschritt der Menschenseele, für den Fortschritt der Welt.*

Die hier besprochenen Aspekte mögen eine Bereicherung sein für den inneren Umgang mit den sieben Meditationen, die in den Rhythmen gegeben sind. Denn sie sind «innerlich geistig-seelisch organisiert»:

«Wenn ich Ihnen so die Rhythmen im Zusammenklange aufschreibe, so ist es, weil darin wirklich ein Abbild liegt von Sternkonstellationen. Man sagt: Saturn steht im Löwen, Saturn steht im Skorpion. – Davon hängen Rhythmen ab, die durch die Welt gehen. Geistiges Ursprungsbild liegt in solchen Rhythmen, wie ich sie aus unseren Sprüchen, die durchaus innerlich geistig-seelisch organisiert sind, im Laufe dieser Tage aufgeschrieben habe.» (GA 260, S. 256)

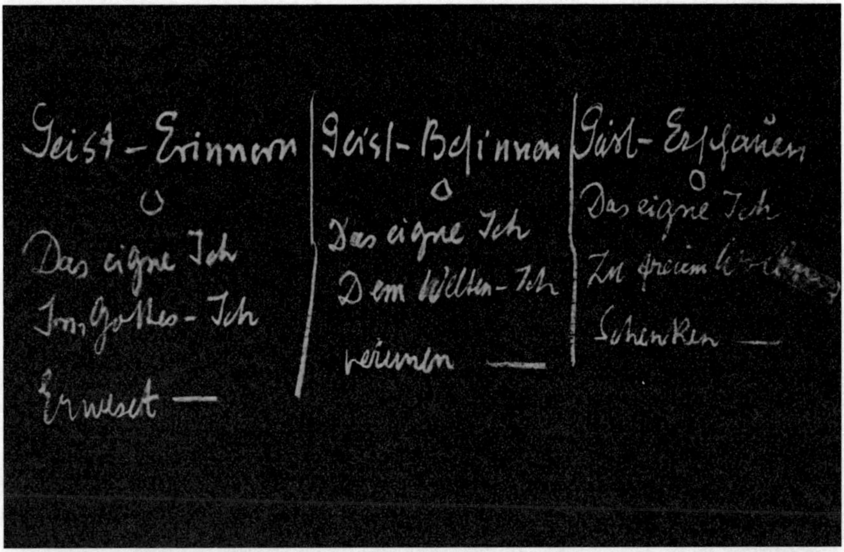
Geist-Erinnern
Das eigne Ich
Im Gottes-Ich
Erweset —
Geist-Besinnen
Das eigne Ich
Dem Welten-Ich
vereinen —
Geist-Erschauen
Das eigne Ich
Zu freiem Wollen
Schenken —

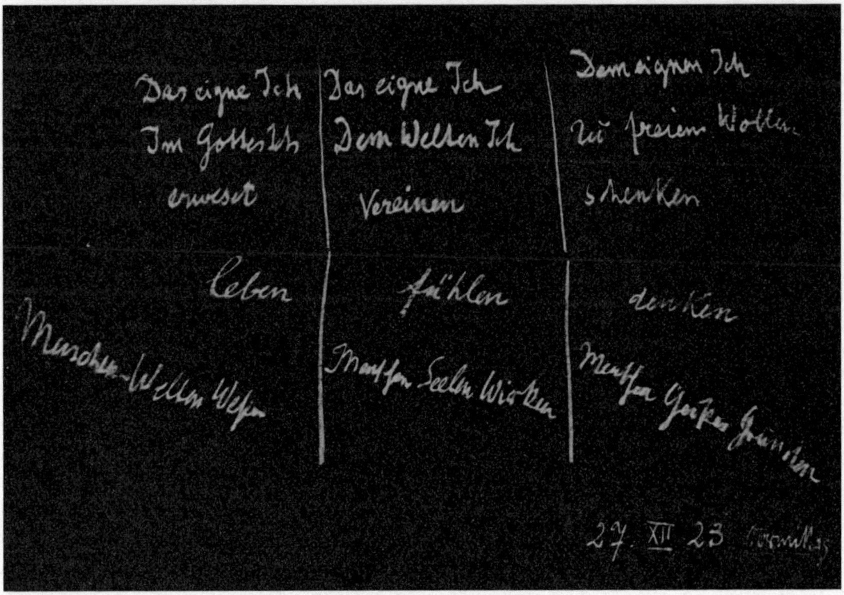
Das eigne Ich
Im Gottes Ich
erweset
Das eigne Ich
Dem Welten Ich
Vereinen
Dem eignen Ich
zu freiem Wollen
schenken
Leben
fühlen
denken
Menschen-Welten Wesen
Menschen Seelen Wirken
Menschen Geistes Gründen
27. XII 23

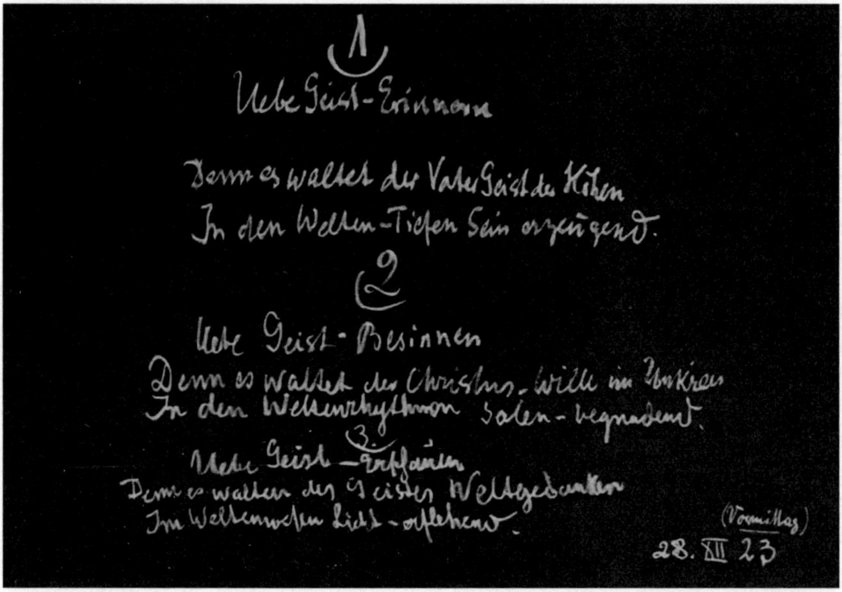
1
Uebe Geist-Erinnern
Denn es waltet der Vater Geist der Höhen
In den Welten-Tiefen Sein erzeugend.
2
Uebe Geist-Besinnen
Denn es waltet der Christus-Wille im Umkreis
In den Weltenrhythmen Seelen-begnadend.
3.
Uebe Geist-Erschauen
Denn es walten des Geistes Weltgedanken
Im Weltenwesen Licht-erflehend.
(Vormittag)
28. XII 23

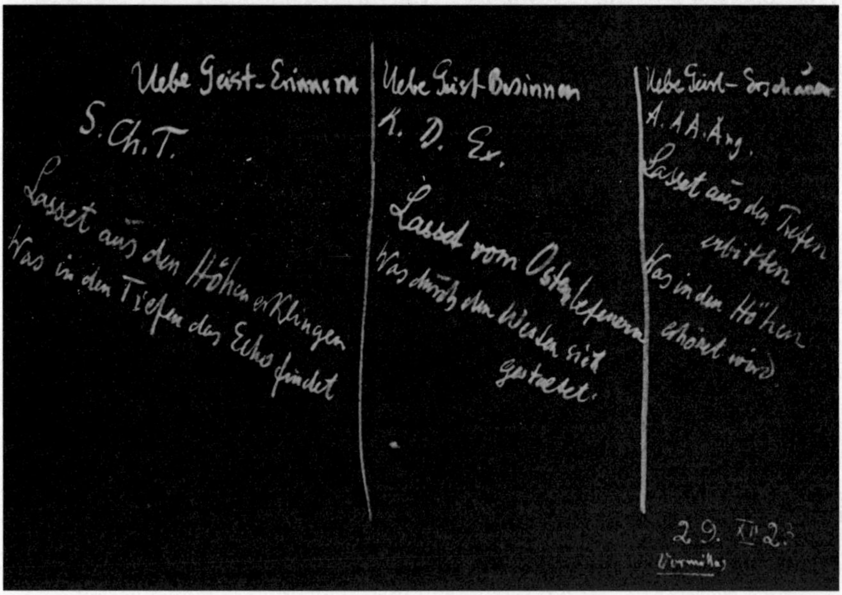
Uebe Geist-Erinnern
S. Ch. T.
Lasset aus den Höhen erklingen
Was in den Tiefen das Echo findet
Uebe Geist Besinnen
K. D. Ex.
Lasset vom Ostenbefeuern
Was durch den Westen sich gestaltet.
Uebe Geist-Erschauen
A. A. A. Ang.
Lasset aus den Tiefen erbitten
Was in den Höhen erhöret wird
29. XII 23
Vormittag

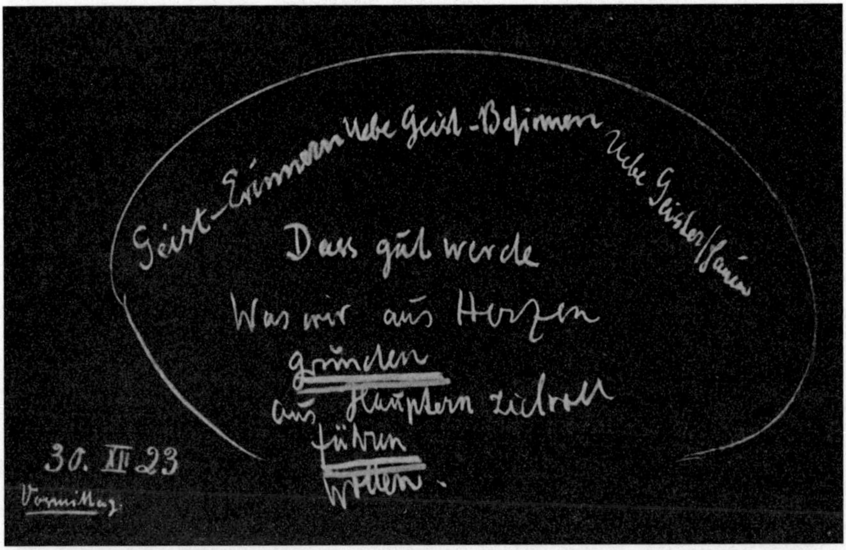
Geist-Erinnern
Uebe Geist-Besinnen
Uebe Geistes-Schauen
Dass gut werde
Was wir aus Herzen
gründen
aus Häuptern zielvoll
führen
wollen.
30. XII 23
Vormittag

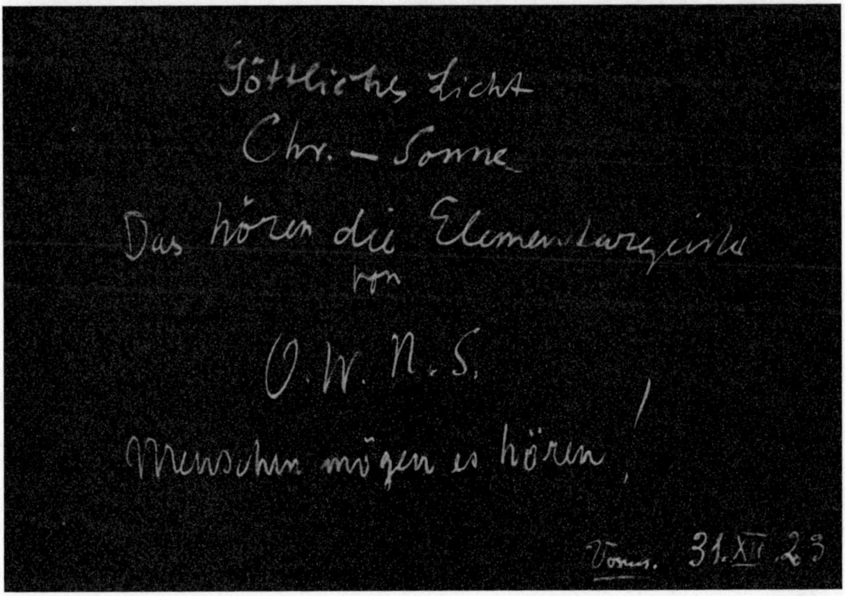
Göttliches Licht
Chr. – Sonne
Das hören die Elementargeister
von
O. W. N. S.
Menschen mögen es hören!
Vorm. 31. XII. 23

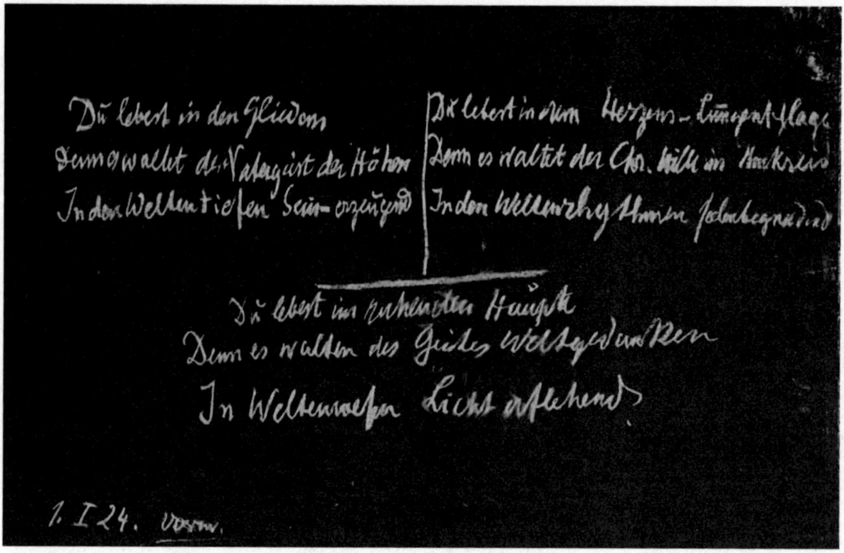

6. Substanz, Form, Glanz

Der physische Grundstein für den Bau des ersten Goetheanum wurde in die Erde versenkt, unter der Schnittstelle der beiden Kuppeln. Dieser Ort liegt heute im Grundsteinsaal, auf der Höhe der ersten und zweiten Reihe im Zuschauerraum.

Ernst Katz schreibt in seinem Artikel «Gedanken über die Grundsteinmeditation» (Die Grundsteinmeditation als Schulungsweg, Sergej O. Prokofieff [Hrsg.]) ausführlich über diesen Stein und das damit verbundene Ritual am 20. September 1913 um 18.30 Uhr.

Dieser Grundstein wurde aus einem fast ein Meter langen doppelten Pentagon-Dodekaeder geformt, einem größeren und einem kleineren. Das Material war aus Kupfer, zusammengelötet mit einer Silberlegierung. Im Hohlraum waren zwei Pyrite schwebend aufgehängt, ein größerer Pyrit-Stein im kleinen Dodekaeder, ein kleinerer im großen.

Und zum Schluss wurde ein beschriftetes Pergament aus einer Stierhaut (einem männlichen Kalb) hineingelegt, bevor die letzte Fläche des Grundsteins zusammengelötet wurde. Es gibt kein Originalbild von dieser Stierhaut, wohl aber eine Skizze aus den Notizbüchern von Rudolf Steiner. Die beschriftete Stierhaut sah in etwa so aus. Das Bild entstammt dem Buch «Die Weihnachtstagung als Zeitenwende» von Rudolf Grosse.

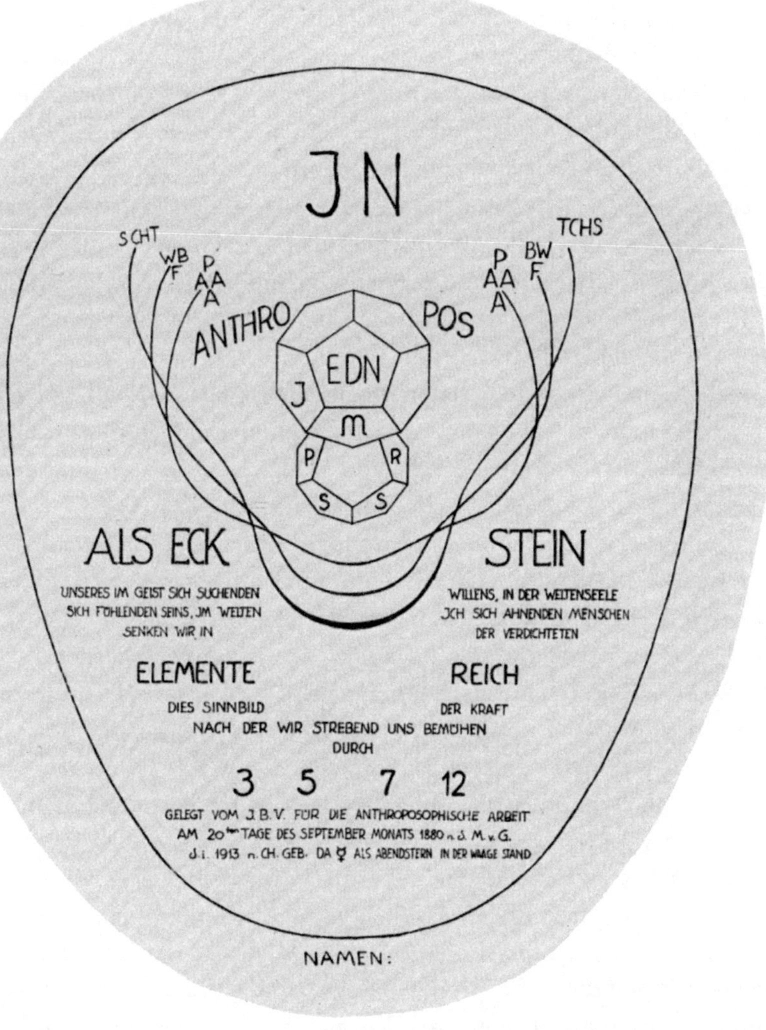

Wo unten im Bild ‹Namen› steht, sind die Unterschriften des Vorstands und Rudolf Steiners auf der Urkunde. Im Innern des Bildes ist ein Abbild des doppelten Pentagon-Dodekaeders zu sehen. Die Buchstaben deuten auf den lateinischen Rosenkreuzerspruch. Dabei fehlt in der zweiten Zeile des Spruches bei «In Christi Morimur» das «C».

«EDN» steht im Innern des großen Pentagon-Dodekaeder, «IM» am Außenrand desselben, «PSSR» im kleinen Pentagon-Dodekaeder. Ganz oben in großen Buchstaben «JN» oder «IN». Rudolf Grosse, und mit ihm Ernst Katz, vermuten, dass dieses Kürzel auf Jesus von Nazareth deutet. In der Ansprache von Rudolf Steiner spricht er «Im Namen» der Hierarchien, das kann auf eine andere Bedeutung dieser zwei Buchstaben hinweisen.

Auch die Kürzel aller lateinischen Hierarchiennamen sind vorhanden. Sie sind oben aufgelistet, und gegen unten, um die beiden Dodekaeder herum, gehen Wellen von ihnen aus. Diese Wellen samt den Namen sind gespiegelt abgebildet. Die Welle, die zu der ersten Hierarchie gehört, geht am tiefsten hinunter, die der zweiten Hierarchie weniger tief und die Welle der dritten Hierarchie am wenigsten tief. Zusammen bilden diese Wellen wie eine Hülle um das doppelte Pentagon-Dodekaeder herum, diese Hülle ist aber nach oben geöffnet, wie ein Gefäß.

Ein Rätsel geben uns die Zahlen auf, die unten im Bild stehen: 3, 5, 7, 12.

Auch da macht Ernst Katz einen Versuch zur Enträtselung. Das Ritual, das sich in der Grube vollzog, wurde mit Hammerschlägen vollzogen; 3, 5 und 7 auf das kleine und 12 auf das große Pentagon-Dodekaeder.

Diese Inschriften auf dem Pergament, auf der Urkunde, enthalten alle Elemente des Grundsteinspruchs und man kann sie wie eine Vorstufe dessen sehen. Der kleine und der große ineinandergefasste Dodekaeder deuten auf die mikro- und makrokosmische Gestalt oder, wenn man will, auf die Architektur des Spruchs hin.

Das Wort «Eckstein» steht da, die Worte «Elemente Reich», «Anthropos». Der Rosenkreuzerspruch, seine Verbindung zur Trinität und die Hierarchien stehen im Zentrum. Die Buchstaben «JN» deuten möglicherweise auf die vierte Strophe. Die genannten Zahlen könnten wir sogar mit der Anzahl der Strophen und Zeilen im Spruch in Verbindung bringen.

Die Menschenseele wird in der Ansprache bei dieser Grundsteinlegung in 1913 mehrere Male in ihrer Dreigliederung angesprochen, mit den Worten «Erkenntnis», «Liebe» und «starke Kraft». Noch spricht Rudolf Steiner wie im unterirdischen Tempel: der Mensch von oben nach unten (vom Haupt über das Herz zu den Gliedern). Die Umkehrung von unten nach oben, wie im oberirdischen Tempel, folgt erst im Dezember 1923.

Zusammenfassend haben wir es bei dem physischen Grundstein mit den Substanzen Kupfer, Pyrit und Stierhaut zu tun, mit einer pentagondodekaedrischen Form und mit dem Glanz des Kupfers und des Minerals Pyrit.

In der Weihnachtstagung kommt Rudolf Steiner ebenfalls auf die Substanz, die Form und den Glanz des Grundsteinspruchs zu sprechen. Das ist am 25. Dezember 1923 um 10.00 Uhr vormittags.

«Wir aber müssen sagen, wenn wir aus den Zeichen der Zeit in der richtigen Weise erneuern dieses Wort: ‹O Menschenseele, erkenne dich selbst in deinem Weben in Geist, Seele und Leib.› Dann haben wir verstanden dasjenige, was allem Menschenwesen zu Grunde liegt. Und diese Weltensubstanz, in der da wirkt und west und lebt der Geist, der aus den Höhen strömt und im Menschenhaupte sich offenbart; die Christus-Kraft, die überall im Umkreise wirkt, die mit den Lüften webt, um die Erde kreisend, die in unserem Atemsystem wirkt und lebt; und wenn wir erkennen die in den Tiefen aus dem Erdeninnern heraufkommenden Kräfte, die in unseren Gliedmaßen wirken – und wenn wir diese drei Kräfte, die Kräfte der Höhen, die Kräfte des Umkreises, die Kräfte der Tiefen in diesem Augenblicke vereinigen in einer gestaltenden Substanz: dann können wir in unserem Seelen-Verfassen dem Welten-Dodekaeder das Menschen-Dodekaeder gegenüberstellen. Und aus diesen drei Kräften: aus dem Geist der Höhe, aus der Christus-Kraft des Umkreises, aus der Vater-Wirksamkeit, der schöpferischen Vater-Tätigkeit, die aus den Tiefen strömt, wollen wir in diesem Augenblicke in unseren Seelen den dodekaedrischen Grundstein formen, den wir in den Boden unserer Seelen senken ...» (GA 260, S. 63 ff.)

Hier sind ‹Substanz› und ‹Form› des physischen Grundsteins transformiert in innere Qualitäten. Ein wenig später folgt eine Zusammenfassung dieser Thematik, wo dann ebenfalls der ‹Glanz› angesprochen wird.

«Suchen wir in dem dreigliedrigen Menschen, der uns da lehrt die Liebe, der uns da lehrt die Weltimagination, der uns da lehrt die Weltgedanken, suchen wir in ihm die Substanz der Weltenliebe, die wir zu Grunde legen, suchen wir in uns das Urbild der Imagination, nachdem wir die Weltenliebe in unserem Herzen formen, suchen wir die Gedankenkraft aus den Höhen, um dieses dodekaedrische imaginative Liebesgebilde in der entsprechenden Weise erstrahlen zu lassen! Dann werden wir von hier hinwegtragen dasjenige, was wir brauchen; dann wird er erglänzen, der Grundstein, vor unserem Seelenauge, jener Grundstein, der aus Welten-Menschenliebe seine Substanz, aus Welten-Menschenimagination seine Bildhaftigkeit, seine Gestaltung, und aus Welten-Menschengedanken jenes Glanzeslicht hat, das uns in jedem Augenblicke, wenn wir uns an diesen Augenblick erinnern, mit warmem, aber unsere Tat, unser Denken, unser Fühlen, unser Wollen anspornendem Lichte entgegenstrahlen kann.» (GA 260, S. 65)

Man kann diese Worte nicht groß genug sehen. Substanz, Form und Glanz sind hier von Rudolf Steiner in einer vollständig verinnerlichten, vergeistigten Weise beschrieben und in ein unmittelbares Verhältnis zum Inhalt des Spruchs gestellt. Gesprochen sind sie mit Begeisterung, Liebe und Zuspruch für die Menschen, die das während der Weihnachtstagung aufnehmen dürfen!

Substanz, Form und Glanz bekommen nun noch eine Beziehung zu der vierten Strophe, der Urweihenacht:

«Und wir wollen diese vor zwei Jahrtausenden stattgefundene Urweihenacht in unserem Herzen, in unserem Sinn, in unserem Willen beleben, damit sie uns helfe, wenn wir hinaustragen wollen in die Welt dasjenige, was uns entgegenglänzt durch das Gedanken-Licht des der Welt nachgebildeten, ins Menschliche herein versetzten dodekaedrischen Liebesgrundsteins.»

Das Bild des inneren Tempels und das der Brücke zur Welt stehen vor unseren Seelen-Augen. Der Tempel und die Brücke sind Bilder aus Goethes «Märchen»; wir dürfen sie nun in der Architektur der «Worte der Grundsteinlegung» wiederfinden.

Im Goethe'schen Tempel wirken die drei Kräfte der Könige, wir verbinden uns mit diesen Kräften übend, um zum wahren Denken, Fühlen und

Wollen zu gelangen. Dann treten wir hinaus aus dem Tempel in den Vorhof, die Brücke zur Welt liegt vor uns.

Bauen heißt bei den Freimaurern so viel wie die mineralische Welt vergeistigen – es ist der Weg der Schlange, sie hat die Brücke selbst erbaut und wird sie selbst erhalten. Die Könige im Tempel haben gefragt, «wo kommt ihr her», «wo geht ihr hin». Und der Alte hat für uns alle geantwortet: Wir kommen aus der Welt und wir gehen in die Welt.

> «Dass gut werde,
> Was wir aus Herzen
> Gründen,
> Was wir aus Häuptern
> Zielvoll führen wollen.»

Epilog: Urbild – Abbild – Vorbild – Wahrbild

Das *Urbild* von alledem, was hier besprochen wurde, finden wir nicht auf der Erde, denn es ist im Übersinnlichen beheimatet. In der übersinnlichen Michael-Schule fand ein großes, kosmisches Ereignis statt. Die Individualitäten sammelten sich um Michael als Geisteslehrer, der die großen kosmischen Bilder, die später als Anthroposophie auf die Erde kommen sollten, vermittelte. Zwei Strömungen, die Christus-Sucher und die Christus-müden Seelen waren versammelt. Ihr Abbild war damals in Chartres als die Platoniker und die Aristoteliker bekannt. Rudolf Steiner spricht ausführlich über diese beiden Strömungen und deren Zusammenhang mit dem Karma der Anthroposophie auf Erden im dritten Band des Zyklus «Esoterische Betrachtungen karmischer Zusammenhänge» (GA 237).

Im Übersinnlichen finden wir das *Wesen* des Rosenkreuzermysteriums.

Im «Märchen» von Goethe haben wir hiervon ein *Abbild.* Oder, mit den Worten Rudolf Steiners, Miniaturbilder des Rosenkreuzermysteriums. Von Rudolf Steiner auch als Goethes geheime Offenbarung benannt. Hier finden wir also eine *Offenbarung* des Wesens. Nicht durch Tore, nicht durch Fenster, aber durch Schleusen kamen die großen kosmischen Imaginationen herein in die Seele von Goethe. In seinem «Märchen» ist der Schlüsselbegriff die Verwandlung. Verwandlungen finden statt ohne mein Zutun. Sie passieren einfach im Leben, wie der Zahnwechsel oder die Geschlechtsreife. Die Kräfte, die die Verwandlungen bewirken, kommen scheinbar wie von selbst, wie von außen. Wir werden geweckt.

In «Die Pforte der Einweihung» – von Rudolf Steiner wortwörtlich *Rosenkreuzermysterium* genannt – und selbstverständlich auch in den weiteren Dramen werden die Figuren zu realen Menschen, mit ihren Lebensläufen und wirksamem Karma. Benedictus spricht es so aus: «Es formt sich hier in diesem Kreis ein Knoten, den Karma spinnt im Weltenwerden.» Hier ist der Schlüsselbegriff Entwicklung. Entwicklung findet in unserer Auseinandersetzung mit der Welt statt, mit den anderen Menschen. Das Karma wirkt, und wir machen unsere Entwicklungsschritte in diesem Licht.

Es ist eine Bewegung, ein Prozess, zwischen uns selbst und der Welt, zwischen innen und außen.

Wir haben gesehen, dass die Figuren in «Die Pforte der Einweihung» nach dem Leben gezeichnet wurden. Sie sind *Vorbilder* von den vielen möglichen Entwicklungswegen, die wir als Geistesschüler gehen können. Die *Wirksamkeit* des Wesens wird hier sichtbar und erlebbar. Wir erwachen am Andern. Es ist die Wechselwirkung zwischen innen und außen, die unsere Entwicklung ausmacht.

In der Weihnachtstagung vollzieht Rudolf Steiner dann einen neuen Schritt in dieser Reihe von Metamorphosen. Alles wird nun ganz innerlich. In der Meditation kommt es nur auf die innere Arbeit an. Die Welt bleibt draußen. Es gibt keinen äußeren Tempel mehr. Kein Meister, der mir sagt, was zu tun ist, was und wann zu üben. Wir sind vollständig selbst verantwortlich. Unsere dreigliedrige Gestalt ist nun der neue Tempel geworden, dessen Grundstein in die Herzen aller Menschen hineinversenkt wird. Wir versenken die Worte selbst in unsere Herzen hinein, und das immer wieder. In der Meditation gestalten wir einen Raum, der außerhalb von unserer Alltagswelt ist, wir leben da im reinen Bewusstsein. Gegründet ist die Meditation auf die dreigliedrige Leiblichkeit. Sie ist die Behausung für das innere Leben. Wir sind nun beim *Werk* angekommen. «Die Worte der Grundsteinlegung» bilden das *Wahrbild* vom Geistes-Menschen, von der wahren Menschenwesenheit und von ihrer Aufgabe in der Welt. Es ist der Mensch gemeint, der sich von seiner Leiblichkeit bis zum Kosmos hinaufarbeiten kann, sich selbst zum Geistessein erwecken kann.

Abbild, Vorbild, Wahrbild; wir werden mit jedem neuen Schritt weiter nach innen geführt. Und da tut sich die Möglichkeit auf, wieder neu mit dem Urbild in Verbindung zu treten. Der Kreis rundet sich. Zuerst stiegen wir hinunter, von dem Urbild, vom Wesen, durch die Hinunterspiegelung der Bilder in dem «Märchen» zu einem Abbild desselben. Im Abbild offenbart sich das Wesen. Schlussendlich steigen wir wieder auf.

Rudolf Steiners gewaltige Schritte bringen uns mit den Mysteriendramen zu den Vorbildern der sich entwickelnden Menschenseele. Die Wirksamkeit des Wesens wird erlebbar. In der Weihnachtstagung vollzieht Rudolf Steiner den Schritt zur Verinnerlichung. Ausgehend von der Leiblichkeit, ‹dem Werk›, wird der Menschenseele die Möglichkeit gegeben, mit dem Wahrbild des Menschenwesens zu leben, fühlen und denken. Der Aufstieg zum Wesen ist uns dadurch möglich geworden. Wir dürfen wieder da ankommen, von wo wir ausgegangen sind; nun erwacht und wissend.

T. S. Eliot hat dieses zyklische Bewegen am Ende seiner «Four Quartets» sehr treffend gedichtet:

> «We shall not cease from exploration
> And the end of all our exploring
> Will be to arrive where we started
> And know the place for the first time.» (Four Quartets, S. 59)

In der Übersetzung von Wydenbruck:

> «werden wir nicht nachlassen in unserem Forschen
> und am Ende aller Forschungsreisen
> werden wir an unseren Ausgangspunkt gelangen
> und zum ersten Mal den Ort wahrhaft erkennen.» (Vier Quartette)

Am Ende dieser Reise kommen wir an, von wo wir ausgegangen sind. Dies gilt sowohl für das Märchen als für die Mysteriendramen und die Worte der Grundsteinlegung. Die Menschenseele erwacht, das alte Mysterienwort «Erkenne dich selbst» hat sich erfüllt. Im wahren Bild der Leiblichkeit finden wir Ursprung und Ziel der Menschenseele.

> «... So dient durch seinen Leib der Mensch den Göttern.
> Und seines Seelenlebens wahrer Sinn
> Erscheint ihm nur, wenn sich in seinem Leibe
> Die Kraft zum wesenhaften ‹Ich› erfühlt.»
>
> (Maria in «Der Hüter der Schwelle»; siehe den Prolog dieses Buches für die ganze Rede)

Goethes Märchen ist wie eine Schatztruhe. Wir können immer wieder darin ‹graben› ... Es ist ein bereicherndes, erfreuliches, begeisterndes Suchen und Finden!

Im Umgang mit den Mysteriendramen macht man andersartige Erfahrungen. In den vielen Jahren an der Goetheanum-Bühne in Dornach konnte man aus dem Publikum immer wieder hören, wie das Dargebotene sich genau an die aktuellen Lebensfragen der Zuschauer anzuschließen schien. Die geistige Realität der Dramen verband sich mit der Lebenswirklichkeit des Publikums. Mir ging es als Darstellerin ähnlich. Jedes Jahr war es ein anderes Thema, eine andere Figur, die mir besonders nahe ging und gerade die Thematik meines aktuellen Lebens, mein persönliches Karma, erlebbar machen konnte. Es ist die Auseinandersetzung, die Konfrontation mit den Entwicklungsfragen, die hier wirksam sein kann.

«Die Worte der Grundsteinlegung» wurden in den Boden unserer Herzen versenkt, einmalig, in der Weihnachtstagung. Die Bedeutung der Weihnachtstagung ist von vielen besprochen und beschrieben worden. Auch die damit verknüpften Gesellschafts- und Konstitutions-Fragen sind bis heute noch lebendig. Davon muss hier nicht die Rede sein. Worauf es hier ankommt, ist die individuelle Verantwortlichkeit im Umgang mit der Meditation. Der erste, physische Grundstein wurde mit einem besonderen Ritual gelegt. Das Ritual, das wir mit dem inneren Grundstein individuell zu vollziehen haben, ist nicht von Rudolf Steiner vorgegeben. In der Weihnachtstagung vollzog sich dieses Ritual schlicht, mit den drei Klopfzeichen vorweg. Dieses Ritual wurde Ostern darauf intensiviert mit der Einrichtung der «Worte der Grundsteinlegung» für die Eurythmie. In den besprochenen Vor- und Nachtaktritualen können wir tiefer eintauchen in die Substanz der Grundsteinmeditation. Aber wann, wie, wie oft wir den individuellen Umgang mit dem Spruch und seinen Rhythmen pflegen, das alles ist in unsere eigene Freiheit und Verantwortung gegeben. In den sieben Rhythmen haben wir eine Möglichkeit, das zu tun, möglicherweise im Zusammenhang mit den sieben Tagen der Woche.

Dieser Grundstein ruht in diesem Sinne nicht in der Erde, aber auch nicht in dem Boden unserer Herzen. Die Worte sind lebendig, wenn wir sie in unserer Seele immer wieder neu dazu zu erwecken vermögen.

Die Meditation weist immer in die Zukunft. Beim Üben sind wir ja nicht auf die sofortige Wirkung orientiert. Wir üben – und wissen nicht, können nicht wissen, ob der Keim aufgeht, wann und wie.

Das «Wir» in der vierten Strophe ist *die* Gemeinschaft von Menschen, die «gehört» haben im Sinne der ersten drei Strophen.

Unser eigenes Üben so ernst zu nehmen, wie Rudolf Steiner uns die Weihnachtstagung vorgelebt hat, liegt in unserer Verantwortung. Rudolf Steiner zeigt mit diesem Schritt in der Weihnachtstagung ein enormes Vertrauen in die Menschenseelen, und er zeigt größte Menschenliebe, uns diese Verantwortung zu übergeben. Es war der damals notwendige Schritt zum Weiterleben der Anthroposophischen Gesellschaft. Der übende Mensch wird von da an die Voraussetzung für die anthroposophische Arbeit und ihre Wirksamkeit in der Welt.

In den ersten drei Strophen der Grundsteinmeditation finden wir den oben beschriebenen Dreischritt auch innerhalb der drei Übungen wieder.

In der ersten Strophe sind wir mit unseren Gliedern im Raum. Wir *sind*.

In der zweiten Strophe kommen wir mit unserem Herzens-Lungen-Schlag in die Zeit. Wir *werden*.

In der dritten Strophe erwachen wir mit unserem Haupt im Geist. Wir *erwachen*. Stehen auf.

Der Rosenkreuzerspruch, der innere Kern der Grundsteinmeditation, fasst es hier, in abgewandelter Form, zusammen. (In den Worten der Theodora im 4. Mysteriendrama «Der Seelen Erwachen», 6. Bild)

«Es widerhallet einst Gehörtes hier:
‹Aus Gottessein erstand die Menschenseele; EDN
sie kann in Wesensgründe sterbend tauchen; ICM
sie wird dem Tod dereinst den Geist entbinden.›» PSSR

In der vierten Strophe wandern *wir,* in Gemeinsamkeit, über die Brücke der Liebe hinaus in die Welt, «... dass gut werde, was wir aus Herzen gründen, was wir aus Häuptern zielvoll führen wollen».

Literaturverzeichnis

Benesch, Friedrich: *Apokalypse,* Stuttgart 1981

Bock, Emil: *Rudolf Steiner. Studien zu seinem Lebensgang und Lebenswerk,* Stuttgart 1961

Debus, Michael: *Lebenskrisen und Lebensdramatik,* Dornach 2011

Debus, Michael: *Mondenkarma und Sonnenkarma,* Dornach 2012

Eliot, T. S.: *Four Quartets,* New York 1943

Goethe, Johann Wolfgang von: *Goethes Werke,* Leipzig und Wien 1900, 10. Band

Grosse, Rudolf: *Die Weihnachtstagung als Zeitenwende,* Dornach 2013

Gümbel-Seiling, Max: *Mit Rudolf Steiner in München,* Gouda 1946

Hammacher, Wilfried: *Einführung in Rudolf Steiners Mysteriendramen,* Dornach 2009

Kačer-Bock: *Die Mysteriendramen im Lebensgang Rudolf Steiners,* Stuttgart 2008

Katz, Ernst: Gedanken über die Grundsteinmeditation, in: Sergej O. Prokofieff (Hg.): *Die Grundsteinmeditation als Schulungsweg,* Dornach 2017

Krüger, Manfred: *Mysteriendramatik im Seelenraum,* Dornach 2009

Morgenstern, Christian: *Wir fanden einen Pfad,* Basel 2014

Novalis: Fragmente, in: *Ausgewählte Werke,* 1. Band, Leipzig 1903

Prokofieff, Sergej O. (Hg.): *Die Grundsteinmeditation als Schulungsweg,* Dornach 2017

Schiller, Friedrich: *Gedichte und Prosa,* Zürich 1984

Sixel, Detlef (Hg.): *Die Mysteriendramen. Hinweise Rudolf Steiners über die Mysteriendramen,* Dornach 1998

Stauffer, Hans: *Die Offenbarung des Karmas in Rudolf Steiners vier Mysteriendramen,* Basel 2014

Steiner, Rudolf: *Die Geheimwissenschaft im Umriss,* GA 13

Steiner, Rudolf: *Vier Mysteriendramen,* GA 14

Steiner, Rudolf: *Die Schwelle der geistigen Welt,* GA 17

Steiner, Rudolf: *Goethes Geistesart,* GA 22

Steiner, Rudolf: *Anthroposophische Leitsätze,* GA 26

Steiner, Rudolf: *Mein Lebensgang,* GA 28

Steiner, Rudolf: *Methodische Grundlagen der Anthroposophie,* GA 30

Steiner, Rudolf: *Wahrspruchworte,* GA 40

Steiner, Rudolf: *Entwürfe, Fragmente und Paralipomena zu den vier Mysteriendramen,* GA 44

Steiner, Rudolf: *Ursprung und Ziel des Menschen. Grundbegriffe der Geisteswissenschaft,* GA 53

Steiner, Rudolf: *Die Tempellegende und die Goldene Legende,* GA 93

Steiner, Rudolf: *Anthroposophie – Psychosophie – Pneumatosophie,* GA 115

Steiner, Rudolf: *Wege und Ziele des geistigen Menschen. Lebensfragen im Lichte der Geisteswissenschaft,* GA 125

Steiner, Rudolf: *Von Jesus zu Christus,* GA 131

Steiner, Rudolf: *Der irdische und der kosmische Mensch,* GA 133

Steiner, Rudolf: *Welche Bedeutung hat die okkulte Entwicklung des Menschen für seine Hüllen (...) und sein Selbst?,* GA 145

Steiner, Rudolf: *Die Geheimnisse der Schwelle,* GA 147

Steiner, Rudolf: *Die Wissenschaft vom Werden des Menschen,* GA 183

Steiner, Rudolf: *Esoterische Betrachtungen karmischer Zusammenhänge. Dritter Band,* GA 237

Steiner, Rudolf: *Esoterische Betrachtungen karmischer Zusammenhänge. Vierter Band,* GA 238

Steiner, Rudolf: *Esoterische Betrachtungen karmischer Zusammenhänge. Sechster Band,* GA 240

Steiner, Rudolf: *Das Schicksalsjahr 1923 in der Geschichte der Anthroposophischen Gesellschaft,* GA 259

Steiner, Rudolf: *Die Weihnachtstagung zur Begründung der Allgemeinen Anthroposophischen Gesellschaft 1923/24,* GA 260

Steiner, Rudolf: *Eurythmie – Die Offenbarung der sprechenden Seele,* 22. April 1924, GA 277

Steiner, Rudolf: *Die Entstehung und Entwickelung der Eurythmie,* GA 277a

Steiner, Rudolf: *Eurythmie als sichtbare Sprache (Laut-Eurythmie-Kurs),* GA 279

Steiner, Rudolf: *Das Wesen der Farben,* GA 291

Steiner, Rudolf: *Über die Mysteriendramen. Die Pforte der Einweihung.* Einzelausgabe 17. September 1910

Steiner, Rudolf: «Goethes geheime Offenbarung» in: *«Magazin für Litteratur»* 1899 (aus GA 30)

van Manen, Hans Peter: *Christussucher und Michaeldiener,* Dornach 1980

Wilder, Thornton: *The Bridge of San Luis Rey,* Aylesbury

Zeylmans van Emmichoven, Willem: *Der Grundstein,* Stuttgart 1960

Abbildungsverzeichnis

Rudolf Grosse

Die Weihnachtstagung als Zeitenwende

und die Grundsteinlegung des ersten Goetheanum

Rudolf Grosse lernte als 16-jähriger Zeitzeuge Rudolf Steiners das erste Goetheanum lieben. An Weihnachten 1923/24 erlebte er Rudolf Steiners Initiative zur Gründung der Freien Hochschule für Geisteswissenschaft und Neubegründung der Anthroposophischen Gesellschaft mit. Die Wärme seiner Erzählung entspringt einer schicksalhaften Beziehung zu Rudolf Steiner und der Anthroposophie. Sein Bericht über die Gründungsereignisse zeugt von einer tiefen Kenntnis der geistigen Dimension dieser Ereignisse. Die Zeitlosigkeit und Aktualität seiner Darstellung macht das Buch zu einem Klassiker der Anthroposophie. Michaela Glöckler stellt im Vorwort den Bezug zur Arbeit und Aufgabe des Goetheanum heute her.

4., überarb. Aufl., 184 Seiten, kartoniert, ISBN 978-3-7235-1490-0

ALMUT BOCKEMÜHL
MÄRCHEN UND ROSENKREUZER
VERLAG AM GOETHEANUM